W0342438

Jesus-Christus enthüllt

den Seinen das Wesen

der Freimaurerei

Botschaften an Françoise

Parvis-Verlag
CH-1648 Hauteville/Schweiz

Botschaften von Jesus-Christus an Françoise:

Umkehr der Herzen, Band 1, Parvis-Verlag, 1998.

Umkehr der Herzen, Band 2, Parvis-Verlag, 1999.

Umkehr der Herzen, Band 3, Parvis-Verlag, 1999.

Umkehr der Herzen, Band 4, Parvis-Verlag, 2000.

Umkehr der Herzen, Band 5, Parvis-Verlag, 2001.

Französischer Originaltitel:

«Jésus-Christ révèle aux siens ce qu'est la franc-maçonnerie,
messages donnés à Françoise»
Editions du Parvis, 1998

© Für die deutsche Ausgabe: Dezember 1998
2. Auflage: April 2002

PARVIS-VERLAG
CH-1648 HAUTEVILLE/SCHWEIZ

Internet: www.parvis.ch E-mail: buchhandlung@parvis.ch

Alle Rechte, auch die des Teilabdruckes, vorbehalten

Postsendungen in alle Länder

Gedruckt in der Schweiz

ISBN 3-907523-97-0

Vorwort

Es ist schon ungewöhnlich, daß der Himmel — oder genauer gesagt: der Herr selbst — sich die Mühe macht, Françoise, seiner Vertrauten, zu erklären, was die Freimaurerei ist.

Man ist so sehr daran gewöhnt, die Brüder Freimaurer im Fernsehen, im Radio oder in den Zeitungen zu erleben, daß man sich fragen könnte, ob diese Bruderschaft, oder genauer gesagt: diese Sekte, in der Gesellschaft und besonders in der katholischen Kirche zuletzt nicht doch Gnade gefunden hat.

Es wurde sogar die Frage gestellt, ob sich das Urteil der Kirche über die freimaurerischen Vereinigungen durch die Tatsache geändert hat, daß das neue kirchliche Rechtsbuch (Codex Iuris Canonici) anders als das frühere sie nicht ausdrücklich erwähnt. Es muß einem allerdings klar sein, daß sich das kirchliche Rechtsbuch mit Personen befaßt, die sich IM RAUM DER KIRCHE befinden und nicht mit solchen, die AUSSERHALB stehen.

Dadurch wird ausreichend deutlich, daß das negative Urteil der Kirche über die Freimaurerei unverändert bleibt. Wie eh und je werden die freimaurerischen Prinzipien als unvereinbar mit der Lehre der Kirche betrachtet. Nach wie vor wird der Beitritt zu diesen Vereinigungen von der Kirche verboten… Mehr noch, die Gläubigen, die freimaurerischen

Vereinigungen angehören, befinden sich im Stand der schweren Sünde und können daher die Heilige Kommunion nicht empfangen. (Siehe die Erklärung der Kongregation für die Glaubenslehre vom 26. November 1983, die von Kardinal Ratzinger unterzeichnet und von Papst Johannes-Paul II. gegengezeichnet wurde.)

Die Weltanschauung der Freimaurer

In Wirklichkeit ist sie überwiegend humanitär und sittlich (ethisch) ausgerichtet. Jeder Freimaurer faßt die Riten und Symbole in einem individuell verschiedenen Sinn auf. Es existiert kein für alle verbindliches Denksystem (Ideologie), sondern nur ein weitgehender Relativismus[1]. Das Internationale Freimaurer Lexikon (von Eugen Lennhoff und Oskar Posner, Wien 1975), das als eine objektive Quelle anerkannt ist, erklärt dazu: «Die Freimaurerei dürfte das einzige Gebilde sein, dem es auf die Dauer gelungen ist, Ideologie und Praxis weitgehend von Dogmen freizuhalten. Die Freimaurerei kann daher als eine Bewegung aufgefaßt werden, die relativistisch eingestellte Menschen zur Förderung des Humanitätsideals zusammenzufassen trachtet» (Sp. 1300).

Es ist begreiflich, daß ein solcher Subjektivismus mit dem Glauben an das von Gott geoffenbarte Wort und mit der unverfälscht dargelegten Lehre der Kirche sich nicht vereinbaren läßt.

1. Leugnung einer unbedingten, allgemeingültigen Wahrheit im Erkennen und Handeln — Anm. d. Ü.

Der Wahrheitsbegriff der Freimaurer

Die Freimaurer leugnen die Möglichkeit einer objektiven Erkenntnis der Wirklichkeit. Mehr noch, die nur bedingte Gültigkeit (Relativität) jeglicher Wahrheit stellt die Basis der Freimaurerei dar. Aus diesem Grund duldet man in der Loge kein Dogma. Der Freimaurer soll ein freier Mensch sein, der «keine Unterwerfung unter ein Dogma oder eine Leidenschaft kennt» (Lennhoff-Posner, Sp. 524f.). Das Internationale Freimaurer Lexikon geht sogar so weit zu schreiben: «Alle Institutionen auf dogmatischer Grundlage, als deren hervorstechendste die Katholische Kirche gelten kann, üben Glaubenszwang aus» (Sp. 374). Ganz offensichtlich ist ein solcher Wahrheitsbegriff vom Standpunkt weder der natürlichen Theologie (einer philosophischen Gotteslehre aufgrund vernünftiger Naturerkenntnis — Anm. d. Ü.) noch der Offenbarungstheologie mit dem katholischen Wahrheitsbegriff vereinbar.

Der Religionsbegriff der Freimaurer

Das Religionsverständnis der Freimaurer ist relativistisch[2]: alle Religionen sind miteinander im Wettstreit liegende Versuche, die letztlich unerreichbare Gotteswahrheit auszusagen. Aufgrund seiner individuellen Fähigkeit, die freimaurerischen Riten und Symbole zu deuten, macht sich der einzelne Freimaurer ein persönliches Bild von Gott. Infolgedessen ist es nicht verwunderlich, daß eine Diskussion über religiöse Fragen in der Loge nicht geduldet wird. Wenn man überhaupt bereit ist, einer Religion anzugehören, muß es sich

2. d. h., es leugnet eine objektive und allgemein verbindliche Erkenntnis der Wahrheit Gottes — Anm. d. Ü.

zwangsläufig um eine Religion handeln, «in der alle Menschen übereinstimmen». Dieser relativistische Religionsbegriff läßt sich natürlich mit der Grundüberzeugung des Christentums nicht zur Deckung bringen.

Der Gottesbegriff der Freimaurer

Gott wird als der «große Baumeister der Welten» gesehen, mit dem eine persönliche Beziehung jedoch unmöglich ist. Er ist der Geist, der die Welt ordnet, und jeder Mensch, ganz gleich, zu welcher Religion er gehört, kann hier seine eigene Gottesvorstellung einbringen. Von der Gottesvorstellung in der katholischen Religion, wo man ihn als Vater, Herr und Liebe sieht, bleibt dabei nichts übrig. Der große Weltenbaumeister ist also kein Gott, der sich offenbart und sein Angesicht enthüllt...

Die Toleranzidee bei den Freimaurern

Der Katholik versteht im allgemeinen unter «Toleranz» die den andern Menschen geschuldete geduldige Annahme. Im Gegensatz dazu überwiegt bei den Freimaurern die Toleranz gegenüber Ideen, wie widersprüchlich diese auch untereinander sein mögen.

Das Internationale Freimaurer Lexikon stellt klar: «Aus dem Relativismus läßt sich der Standpunkt der Freimaurer zu den Problemen der Welt und der Menschheit ableiten... Der Relativismaus unterbaut die Toleranz mit Vernunftargumenten. Die Freimaurerei ist eine der Bewegungen, die vom Ausgang des Mittelalters an als Reaktion gegen den Fanatismus jeder Art entstanden sind...» (Sp 1300).

Eine Toleranzidee dieser Art erschüttert die Glaubenstreue der Katholiken und ihre Anerkennung des kirchlichen Lehramts.

Die Ritualhandlungen der Freimaurerei

Die drei Rituale des Lehrlings-, des Gesellen- und des Meistergrades weisen in Worten und Symbolen einen sakramentsähnlichen Charakter auf. Sie erwecken den Anschein, als würde hier etwas den Menschen Verwandelndes bewirkt. Die symbolhafte Einweihung (Initiation) wird als eine sakramentale Umwandlung verstanden.

Die Vervollkommnung des Menschen

Die Einweihungsrituale erwecken auch den Eindruck, daß die sittliche (ethische) Vervollkommnung absolut gesetzt und so von der Gnade gelöst wird, daß kein Raum für die Rechtfertigung des Menschen im christlichen Sinn bleibt. Taufe, Versöhnung und Eucharistie werden für unnötig erklärt, denn Erleuchtung und Todesüberwindung werden bereits durch die drei grundlegenden Rituale ausgesagt.

Im Meisterritus heißt es: «Welche Tugenden muß ein wahrer Meister besitzen? Reinheit des Herzens, Wahrheit in Worten, Vorsicht in Handlungen, Unerschrockenheit bei unvermeidlichen Übeln und unermüdlichen Eifer, wenn es gilt, Gutes zu tun» (Ritual III, S. 66).

Die Spiritualität der Freimaurer

Die Mitglieder dieser Sekte müssen einem Totalitätsanspruch genügen, der ihnen eine Zugehörigkeit auf Leben und Tod abfordert... Es gibt also keinen Raum für eine freie Gewissensentscheidung.

Bekannt ist zum einen die atheistische Bruderschaft des «Großen Orients von Frankreich» (Grand Orient de France) und zum anderen die «Große Landesloge» in Deutschland. Letztere nennt sich auch «Christlicher Freimaurerorden».

Diese «christliche Freimaurerei» liegt aber keinesfalls außerhalb der freimaurerischen Grundordnung; hier wird nur eine größere Möglichkeit angestrebt, Freimaurerei und subjektive christliche Gläubigkeit miteinander zu vereinen. Eine theologisch zulässige Verwirklichung muß jedoch verneint werden, weil die Grundtatsachen der Offenbarung des menschgewordenen Sohnes Gottes und seine Gemeinschaft mit den Menschen nur als mögliche Spielart der freimaurerischen Weltansicht verstanden und überdies nur von einem kleinen Teil der Freimaurer anerkannt werden.

Das Zweite Vatikanische Konzil bietet weder eine Grundlage für eine Verständigung mit den Freimaurern noch für eine Anerkennung ihres Geistes. Ungeachtet der Liebe, die man jedem Menschen schuldet, wiederholt es die Verurteilung der Irrtümer.

Das Konzil mahnt zur Achtung und Liebe gegenüber dem einzelnen Freimaurer als Menschen, aber nicht zur Anerkennung seiner Lehre, die im Widerspruch zum Glauben steht. Was die Wahrheit anlangt, so schließt die Unvereinbarkeit der freimaurerischen Position mit dem Glauben der Kirche die Möglichkeit einer gleichzeitigen Zugehörigkeit zur Kirche und zur Freimaurerei völlig aus. Um ein wahrer Freimaurer sein zu können, müßte der Katholik seinen Glauben als eine subjektive Meinung auffassen, und dies wäre dann nicht mehr der Glaube der Kirche, denn die Kirche ist und bleibt auf die Wahrheit gegründet. In diesem Fall wäre der Glaube ohne objektive Grundlage, nämlich ohne die Grundlage der allgemeingültigen Wahrheit, und würde so dem Wesen nach letztlich auf eine einfache Gewissensangelegenheit reduziert. Auf diese Weise würe er um seine ursprüngliche Kraft und um sein eigentliches Wesen gebracht.

Angesichts einer solchen Gefahr für den Glauben und die Gotteserkenntnis, einer Gefahr für Seine Kirche, versteht man die Kraft, ja fast Heftigkeit, mit der der Herr in diesen neuen Botschaften an Françoise, seine Vertraute, die tatsächlichen Ziele anprangert, die von der Freimaurerei verfolgt werden. Er zögert nicht, mit dem Finger auf das Eindringen von Mitgliedern dieser Sekte sogar in der Kirche zu deuten. Er verspricht Gerechtigkeit und Reinigung, denn Er will eine Heilige Kirche, eine Kirche voll Licht...

Der Seelenführer von Françoise

Anmerkung des Übersetzers: Der Verfasser dieses Vorworts hält sich über weite Strecken an den Wortlaut der Erklärung der Deutschen Bischofskonferenz vom 12. Mai 1980 «Zur Frage der Mitgliedschaft von Katholiken in der Freimaurerei». Um das Vorwort mit Zitaten und Stellenangaben nicht zu überfrachten, wurde bei den Passagen aus der Erklärung auf eine Kennzeichnung durch Anführungszeichen verzichtet.

Mittwoch, den 10. Juli 1996

Jesus, der Christus diktiert dir:

Das Werk, das Ich dir jetzt auftrage, hat zum Ziel, die Augen jener zu öffnen, die die Geißel nicht kennen, die sich hinter der Freimaurerei verbirgt: nämlich Satan.

Wer Ohren hat zu hören, der höre.

Wer Augen hat zu sehen, der sehe.

Wer Satan bekämpfen will, der erhebe sich.

Und am Ende soll die Liebe in den Herzen herrschen.

Amen.

Jesus-Christus

Mittwoch, den 10. Juli 1996

Jesus-Christus diktiert dir:

Die Geißel Satans

Die Freimaurerei hat die völlige Zerstörung der Menschheit zum Ziel; Ich, Jesus-Christus, Sohn Gottes und Mariens, sage euch das. Nicht diese bevorzugte Seele, deren Hand Ich führe, noch irgendeine finstere Macht, sondern Ich, der Gott allen Lebens, verspreche euch, daß Ich es bin, der spricht.

Satan hat beschlossen, gegen das Leben zu arbeiten und hat sich einfallen lassen, die Menschen gegen Gott aufzuhetzen durch die teuflischste Unternehmung, die es gibt, und die aus Stolz und Haß gegen Gott besteht: die Freimaurerei.

Sie ist ein ausgeklügeltes Werk der Zerstörung, das sich hinter einem angeblich wohltätigen Werk verbirgt.

Es sind ausgeklügelte Anweisungen, die von Satan kommen, und gegen die nicht einmal — gewisse — Anhänger dieser Sekte Argwohn hegen.

Es ist ein ausgeklügeltes Gesindel, das im Verborgenen wirkt, um den Thron Gottes zu erschüttern und seinen Platz einzunehmen.

So: hier ist in wenigen Worten zusammengefaßt, was die Freimaurerei darstellt, Kind. Aber Ich werde dir die verborgenen Hintergründe im einzelnen enthüllen, und dann wirst du wissen, worum Ich dich bitte, wenn Ich dir sage:

Bekämpfe diese Sekte und zerstöre sie.

Ich segne dich.

Jesus-Christus

Mittwoch, den 10. Juli 1996

Jesus, der Christus diktiert dir:

Jetzt werde Ich dir das Innere dieser Sekte enthüllen. Schon seit langem «arbeiten» die Freimaurer mit den Mächten der Finsternis: schwarze Magie, Pakte mit dem teuflischen Feind, und all das unter dem Deckmantel eines Werkes der gegenseitigen Hilfe. Zahlreich sind jene, die darauf hereingefallen sind; die Heilige Bibel thront dort, nicht um mit dem Herzen gelesen zu werden, sondern um darin Mittel zu finden, Gott zu bekämpfen: die Anhänger Satans lesen aus ihr mit der Hilfe Satans verborgene Geheimnisse heraus, um sie gegen Mich zu verwenden.

(Kind, wenn du jemandem nachstellst, kannst du die «Informationen» verwenden, die gute Seelen dir geben, und dann kannst «du» diesen Menschen treffen, indem du ihm Gutes oder Schlechtes antust, wie du es wünschst; nun, so suchen die Freimaurer in der Bibel die Mittel, um sich gegen Mich aufzulehnen.)

Manchmal erbarme Ich Mich einer Seele, die den Willen hat, zum Licht zu gelangen und zu begreifen, daß all das finster und ungesund ist. Aber das wollen so wenige...

Daher tue Ich «was Ich kann», um nicht unmäßig unter dieser Geißel des menschlichen Stolzes in dieser Sekte zu leiden. Aber Ich sehe den Zorn Gottes, Meines Vaters kommen, der dieses fürchterliche Übel vernichten wird.

Bald werden sich die Seelen dieser Sekte Qualen ausgeliefert sehen, die für den menschlichen Geist unüberwindlich sind: es wird ihnen übel werden beim Einatmen des Rauches ihrer Herzen, und sie werden keine Ruhe finden, solange sie das Böse wollen.

Jetzt wird diese Zeit kommen, Kind...

Ich will sie retten: hilf Mir, indem du Meine Botschaft diesen Toten der Erde übermittelst; ihre Seele ist zum Sterben schwarz; sie quälen und geißeln Mich und machen sich dadurch zu Opfern Satans. Sie wollen Mich ausschalten und Mein Immerwährendes Opfer abschaffen: das wird nicht geschehen. Der Abscheu über ihre Sünden wird sie verschlingen, wenn sie nicht zu Mir zurückkehren.

Sie haben sich durch Ehren und Ruhm auf die höchsten Stufen der Gesellschaft erhoben, um die Welt zu beherrschen und mit ihrer Wut zu umschließen.

Sie bedienen sich des Verborgenen, um den Geist zu verdunkeln und zu beherrschen, und obwohl sie nichts gegen die Herzen ausrichten können, die für Meine Gnade offen sind, so schwächen sie doch die Verschlafenen und Lauen.

Du sollst schlagfertig antworten, Kind: laß weder dein Land noch die Welt unter dem Biß eines Schlangennestes zugrundegehen. Was immer der Dämon auch tun mag, die Macht, die Gott einer einzigen treuen Seele gewährt, wird ihm überlegen sein.

Verjage den Feind, indem du seine Lügen und Schlupfwinkel entlarvst; verjage ihn: Ich bitte dich darum. Und schenke Meine Zärtlichkeit jenen Seelen, die den Bösen verjagt haben, nachdem sie die Worte vernommen haben, die Ich durch deinen Mund spreche.

Wenn man dem Bösen erst auf die Schliche gekommen ist, dann wird die Welt wieder aufleben. Du mußt jetzt schnell handeln, denn die Zeit ist kurz... sehr kurz.

Dann werde Ich dich segnen, und wenn du Mir jetzt sagst: «Aber wie soll ich es anfangen, um den Feind durch Deine Worte zu entlarven und zu verjagen», so antworte Ich dir: Ich werde den Fälscher verjagen. Du sollst Mir nur gehorchen und Mich lieben: Gott ist größer als alles.

Ich segne dich. Geh!

Jesus-Christus

Samstag, den 10. August 1996

Jesus, der Christus diktiert dir über das, was sich in Meiner Kirche zuträgt, die von der Freimaurerei bewohnt wird.

Warum hassen sie mich so sehr?

Warum lehnen sie sich gegen Mich auf?

Sie haben Meine Stimme verstellt und haben Meine Apostel nachgeäfft, indem sie deren Kleider angezogen haben, um sich als Lämmer zu verkleiden und so die Welt besser zu täuschen. Es sind reißende und lügnerische Wölfe und Schakale: Ich werde sie Meine Kirche nicht zerstören lassen: sie werden durch genau denjenigen in Stücke gerissen werden, den sie aufgenommen haben — nämlich durch Satan.

Sie haben die höchsten kirchlichen «Posten» eingenommen, um Meine Kirche zu führen, wie sie es wollen und all jene, die Mich wirklich lieben, zum Gehorsam zu zwingen und verschwinden zu lassen.

Sie werden von Satan, ihrem Haupt, angeführt und haben die drei höchsten Ämter der Welt besetzt, um jede Seele zu zerstören.

In den Tagen, die da kommen, werden sie ausgelöscht werden: Meine Hand wird auf sie niederfallen und jede Loge so gründlich zerstören, daß diese Geißel nicht mehr wieder auftauchen wird.

Du fragst dich, wie Ich das machen werde... Nun, Ich werde diese Welt läutern und durch das schreckliche Leiden, das sie beim Anblick ihrer Sünde empfinden wird, dazu bringen, zu Mir zurückzukehren oder aus Meinem Blick zu verschwinden.

Die Großen werden von den Kleinen unter dem hocherhobenen Banner Mariens, unter ihrem und aller Engel Schutz verfolgt werden, und sie werden den Großen keine Ruhepause gönnen, bis diese endlich in Wahrheit zu ihnen sprechen werden. Sie werden vom Heiligen Geist getrieben sein, die Wahrheit auszurufen, und nichts wird sie zum Schweigen bringen können. Sie werden von Jesus und Maria stammen: das wird ihr einziger Name sein.

Erhebt euch also, Meine kleinen Engel der Erde, wenn Ich euch rufe, Mir zu dienen. Zögert nicht und bekämpft diesen Drachen, der sich die Welt zu eigen machen will. Ich, der

Geist Gottes, werde euch offenbaren, wofür ihr erwählt worden seid, und Ich werde euch den Willen Gottes eingeben.

Gebt euch nicht geschlagen vor den Hindernissen, die euch unüberwindlich erscheinen, sondern glaubt nur: Gott hat mehr Kraft in einer treuen Seele als alle Dämonen zusammen. Habt also keine Angst und verfolgt die Freimaurerei, diesen Nachäffer Gottes, indem ihr der Welt offen verkündet, was für ein Täuschungsmanöver sie ist, und zu welchem (ewigen) Tod der Seele sie führt.

Ich werde euch helfen, Meine Kleinen.

Ich segne dich.

Jesus-Christus

Freitag, den 16. August 1996

Jesus-Christus diktiert dir: in Meiner Liebe gibt es keinen Platz für Falschheit und Verrat.

Was jedoch tun die Freimaurer? Sie verschließen Mein Heiliges Opfer und geben vor, Mir so zu dienen; sie nehmen Meinen Platz ein und lassen sich bewußt und manchmal unbewußt anbeten, so sehr ist ihr Geist verdunkelt.

Damit Ich Meine Liebe einer Seele und durch diese Seele offenbare, bedarf es der Reinheit des Gewissens: das heißt, es bedarf einer Seele, die darauf brennt, die Wahrheit zu schauen und in ihr zu leben.

Die Freimaurer verhandeln mit dem Feind: sie predigen die Liebe, obwohl Ich nicht in ihnen lebe, weil sie nach Mir kein Verlangen tragen. Sie predigen eine Liebe, die menschlichen Ruhm nach sich zieht, und nicht die uneigennützige und reine Liebe, die in der Selbsthingabe besteht.

Die meisten Menschen dieser Sekte tragen als Wahrzeichen «humanitäre Hilfe» zur Schau und suchen einzig den Reichtum und die Ehre, die sie daraus ziehen werden. Sie arbeiten am Werk Satans, nicht an meinem. Sie laufen ins Verderben, weil sie die Lämmer täuschen und sie davon überzeugen, daß sie recht handeln in der Absicht, den anderen zu helfen.

Aber die Liebe Gottes ist anders: sie ist demütige und uneigennützige Selbsthingabe. Wer in Mir liebt, der haßt die Ehre und die Reichtümer; er ist einzig von dem Wunsch beseelt, Mich anzubeten und wird von den Dingen dieser Welt nicht angezogen: er vergißt sich bis zum Äußersten, um Mir zu dienen und Mich zu verherrlichen.

Ich, Jesus-Christus, sage euch: Solange ihr euren Stolz nicht demütigt, solange ihr beschließt, die Welt mit euren schlechten und besudelten Leidenschaften zu beherrschen, wird es für euch keinen Platz in Meinem Reich geben.

Was nützt es euch also, Reichtum und Ehre zu erhalten oder Geschmack daran zu finden, den Menschen zu gefallen, wenn ihr dann schwarz vor Elend vor Mir stehen und Meine unvergleichliche Herrlichkeit sehen werdet, die aus Reinheit, Demut und Liebe besteht?

Was werdet ihr dann tun, wenn ihr euch eurer frei gewählten Blindheit, eures Hasses gegen Mich bewußt werdet, und Ich euch sagen werde: Ihr gehört nicht zu den Meinen!?

Ich klopfe vergeblich an eure Tür, Ich erblicke in euch nur Bosheit und Laster: ihr lehnt euch gegen Mich auf, ihr nehmt Satan in eure Seelen auf, der geschworen hat, euch zugrunde zu richten…

Arme Seelen, die ihr nicht seht, daß euer Stolz, anderen zu gefallen, euch in die Hölle bringen wird…

Ich werde euch retten, aber nur durch das Feuer werde Ich eure Seelen zu Mir zurückführen können…

Geh, Mein kleines Kind, versuche nicht, das alles zu verstehen. Laß Mich in deiner Seele ruhen und gib dich damit zufrieden, mit Mir zu schreiben, was Ich dir diktiere.

Ich segne dich.

Jesus-Christus

Dienstag, den 17. Dezember 1996

Jesus-Christus diktiert dir über die Freimaurerei. Höre und vernimm, Kind, und erleichtere Mich, indem du Meine Botschaft aufschreibst…

In Kürze wird die «Schlange», die Anhängerin der freimaurerischen Sekte, sich erheben, um Menschenmassen zu vernichten. Mit «vernichten» meine Ich, daß sie offen täuschende und schädliche Äußerungen verkünden wird; sie wird Tausende von Menschen in den Irrtum führen, die in ihr Verderben laufen und die Lüge annehmen, weil sie sich nicht unter das Banner Mariens gestellt haben.

Dann mußt du die Menge aufwecken; du mußt überall verkünden, daß der Schleier über den, der sich in der Finsternis verbirgt und dort arbeitet, bald gelüftet werden wird; er wird sich in all seiner Abscheulichkeit zeigen und die Menge verführen.

Laß das nicht zu, Kind… Geh und verkünde Meine Botschaft, indem du den Menschen sagst, daß sie seinen Lehren nicht folgen, sondern sich vielmehr Maria anschließen sollen, die sie befreien und gegen das Böse schützen wird.

Das Heil auf Erden wird durch Maria kommen, denn sie wird ihre Kinder erkennen und sie nicht in die Irre gehen lassen. Sie wird die Reinheit der Kirche verteidigen, die Ich ihr anvertraut habe, und wird es verstehen, den Schlichen Satans ein Ende zu setzen.

Kurz darauf werde Ich kommen, und Mein Reich der Liebe und der Herrlichkeit wird mitten unter allen Menschen der Erde sein.

Ich segne dich. Nun geh!

Jesus-Christus

Donnerstag, den 19. Dezember 1996

Jesus-Christus diktiert dir über die Freimaurerei.

Hast du gesehen, wie Ich gehaßt und abgelehnt werde, wenn Ich mit Meinem geliebten Petrus (Johannes-Paul II.) nach Frankreich komme? Das ist der freimaurerische «Geist», der daran arbeitet, das Gute, das Ich — durch den Papst — wirke, zu zerstören, indem er die Seelen von Mir fernzuhalten sucht.

Später, wenn du groß bist, werde ich dir die Kehrseite der Gesichter von Bischöfen und Kardinälen, von Priestern und Ordensleuten zeigen, die behaupten, zu Mir zu gehören, um die Menge an der Nase herumzuführen und sie zur Zerstörung jeder guten Kraft in ihr zu bringen.

Aber im Moment sollst du wissen, daß jeder, der Johannes-Paul II. ablehnt, sich in einem völligen Irrtum befindet, weil Mein Petrus, den Ich ununterbrochen leite, Mir gegenüber nie im Unrecht ist: er ist auf dem rechten Weg und hält daran fest, das Gute zu tun und die Wahrheit zu verkünden, obwohl Satan ihn haßt.

Wer immer dir als Kirchenglied zu sagen wagt, daß der Papst sich täuscht, der ist gegen Mich, Jesus-Christus. Und wenn er nicht zu Mir zurückkehren will, dann sollst du deiner Wege gehen und dich nicht weiter um ihn kümmern.

Es wird sicher vorkommen, daß Bischöfe und hochgestellten Persönlichkeiten dich ablehnen und verfolgen, denn der freimaurerische Haß zittert vor dem Licht; und dennoch werden sie dir nichts antun, denn solange Ich dir sagen werde: «geh», wirst du gehen und niemand wird dich anrühren.

Geh in ihre Schlupfwinkel und entlarve den Irrtum und die Hinterhältigkeit, indem du sie der Menge offenbarst: jeder soll wissen, daß Satan der Meister der Freimaurerei ist, und daß er so jegliches Leben zerstören will.

Habe den Mut, die Wahrheit klar und deutlich auszurufen, weil Ich, Jesus-Christus, sie dir gesagt habe, und weil Ich will, daß du sie der Welt sagst, um sie zu retten.

Niemand wagt es, die Freimaurerei anzugreifen, weil die Kraft und die Mittel dafür fehlen. Aber Ich, Jesus-Christus, bin die Kraft der Liebe, und Ich werde durch dich über den Feind siegen. Du wirst sehen, Kind: Ich werde durch das Herz siegen.

Ich beschließe Meine heutige Botschaft, indem Ich dir sage: habe den Mut, Mir zu dienen und keine Angst, denn alles, was du weitergeben wirst, ist Liebe und Wahrheit. Ich werde dich beschützen und werde dein einziger Tröster sein. So geh nun.

Ich segne dich.

Jesus-Christus

Samstag, den 21. Dezember 1996

Jesus-Christus diktiert dir über die Freimaurerei.

Höre und vernimm, Mein Kind…

Wenn du jemanden triffst, der dir sagt: «Mein Kind ist ernsthaft krank, hilf mir es zu pflegen», was würdest du tun?

Ja, du würdest sogleich hingehen.

Nun, Ich, Jesus-Christus, sage dir: «Meine Kirche ist dabei, zugrunde zu gehen, sie wird vom freimaurerischen Übel erstickt; du, Françoise, sollst Mir helfen, sie zu retten.»

Was antwortest du Mir?

Ich segne dich; hilf Mir also und glaube nicht länger, daß alles, was Ich von dir verlange, vergebens ist wegen deiner schwachen Fähigkeiten.

Laß uns jetzt schreiben und sei glücklich, Mir auf diese Weise zu helfen.

Du weißt... das freimaurerische Übel ist in vielen Ländern am Werk, und in deinem Land ist es dabei, die Seelen zugrunde zu richten. Reiße sie aus ihrer Betäubung, indem du Meine Botschaft verbreitest, wie Ich es dir aufgebe.

Hältst du Mich für fähig, dich dieses Übel allein angehen zu lassen? Ich könnte dich keinen einzigen Augenblick allein lassen. Was du sagen wirst, wird von Mir kommen; was du tun wirst, wird von Mir kommen; was du sein wirst, werde Ich, Jesus-Christus, in dir sein.

So sollst du arbeiten. Fühle dich nützlich für Mein Werk, da Ich es so wünsche, und laß dich von deinem Gedanken nicht mehr beunruhigen: «Ich vermag nichts, was kann ich schon tun?»

Ich, Jesus-Christus, werde dich ausbilden, dich lehren, Ich werde dich an Mein göttliches Herz drücken.

Nun geh! Ich segne dich.

Jesus-Christus

Sonntag, den 22. Dezember 1996

Jesus-Christus diktiert dir über die Freimaurerei.

Komm, Mein Kind, Ich zeige dir die Abscheulichkeiten dieser Welt...

Ich habe dich in diese Welt geschickt, damit du Mir darin dienst und Mich verherrlichst. Das ist der einzige Grund für deine Gegenwart auf dieser Erde. Meine Liebe zu dir hätte dich schon bei deiner Geburt wieder zu Mir nehmen können, um dich in den Tiefen Meines Herzens zu bergen, doch Ich sagte: «Sie wird Mir dienen, Mich ehren, Mich verherrlichen: Meine Liebe wird sich in ihr offenbaren, und Ich werde warten, bis ihr Auftrag ausgeführt ist, bevor Ich komme und sie wieder zu Mir nehme.»

Du sollst also an Meinem Plan teilhaben: Ich schenke dir Meine Liebe auch dadurch, daß Ich dir zeige, wie die Welt ist, in der du lebst. So wirst du Mir gemäß Meinen Plänen helfen.

Vor «kürzerer» Zeit hattest du im Moment des Empfangs der Heiligen Eucharistie unter dem Ausschluß aus der christlichen Gemeinschaft zu leiden... Der Priester hatte dich zwingen wollen, Mich in die Hand zu empfangen — unter dem Vorwand der «gemeinsamen» brüderlichen Kommunion —, und da Ich in dir nicht damit einverstanden war, hast du abgelehnt und Mich als letzte empfangen, als der Priester und die Gläubigen Mich schon empfangen... und schon zu Mir gebetet hatten...

Da habe Ich dir gesagt: «Ich segne dich, weil du deinem Gott treu warst, trotz der öffentlich erhaltenen Beleidigung»... Und du warst «wütend», nicht so sehr wegen der Beleidigung als wegen der Nicht-Achtung der Freiheit des Gläubigen, die Ich jedem gegeben habe, indem Ich ihn dem Papst unterstellt habe. Nun, siehst du, das ist auch wieder der freimaurerische Geist. Unter dem Vorwand, «gemeinsam» an Meinem Heiligen Opfer teilzuhaben, gehen gewisse Priester so weit, die Gläubigen zu zwingen, Mich in die Hand zu empfangen... Und so werden die liebenden Seelen, die Ich gebeten habe, Mich in den Mund zu empfangen, zur Seite geschoben...

Ich habe dich dann einen Ausschnitt aus dem Johannesevangelium lesen lassen, der erklärt, daß manche Menschen, die Mir glaubten, es nicht zeigten, denn sie hatten Angst, aus der Synagoge ausgeschlossen zu werden und zogen die Ehre der Menschen der Ehre Gottes vor.

Verborgen hinter den Bischöfen und den Kardinälen ist Satan gerade heimlich dabei, das Volk unter dem Deckmantel des Guten «zu besetzen», zu täuschen, um Mir Meinen Ruhm und Meinen Thron zu entziehen.

Daher sage Ich dir: Wache, und laß dir nie von einem Priester etwas aufzwingen, was nicht deinem Herzen entspricht und nicht mit dem übereinstimmt, was der Papst Johannes-Paul II. verlangt.

Es gibt schwache Seelen, die sich durch den Anschein des Guten an der Nase herumführen lassen und sich von Mir entfernen. Du aber sollst nie nachgeben. Ich verspreche dir folgendes: wenn ein Priester so weit gehen sollte, Mich dir zu verweigern, so würde Ich ohne seine «Hilfe» zu deinem Mund fliegen, das kannst du Mir glauben.

Du mußt sprechen, Kind, und du mußt den Seelen in deiner Umgebung die Wahrheit sagen. Du wirst ihnen sagen, daß Ich heilig bin, und daß sie Mir erlauben sollen, zu ihren Herzen zu sprechen, sie zu belehren, sie die Achtung vor Meinem Heiligen Sakrament zu lehren, das Ich bin.

Und auf deine Frage: «Warum fehlt dir bei den anderen Seelen die Achtung, die Dich in die Hand empfangen, wo dieser Priester mir doch gesagt hat, daß das schon sehr lange so üblich ist?» antworte Ich folgendes: Ich selbst habe Meinen Aposteln während des Heiligen Abendmahls den Bissen Brot gereicht. Das ist alles.

Dann wirst du sagen: «Das Wesentliche ist doch, Gott darum zu bitten, daß Er zu unserem Herzen spricht und Ihn dann anzuhören: so wird Sein Wille geschehen.»

Ich segne dich. Nun geh!

Jesus-Christus

Mittwoch, den 8. Januar 1997

Jesus-Christus diktiert dir über die Freimaurerei.

Du hast gehört, Kind, daß die Seelen, die in Achtung und Liebe vor Meinem Heiligen Sakrament niederknien, von geweihten Seelen mit Verachtung angeschaut werden.

Das ist das Übel deiner Zeit und deines Landes, besonders in der Gegend, in der du lebst (Paris). Arbeite also daran, die Achtung in die Herzen zurückzubringen, indem du selbst während der Heiligen Messe liebevoll niederkniest, wenn Ich dich darum bitte, besonders während der Wandlung.

Ich habe dich niemals gebeten, aus Pflicht niederzuknien, Kind; Ich habe dir immer die Freiheit gelassen. Wenn dein Herz dich immer drängt niederzuknien, so deshalb, weil du glücklich bist, Mir auf diese Weise dein ganzes Wesen darzubringen.

Was ich will, ist nicht eine Form von Achtung; Ich will die Liebe des Herzens, die den Leib drängt, niederzuknien. Tut es nicht aus Pflichtgefühl, sondern aus Liebe; bittet Mich um die Liebe, und Ich werde sie euch geben.

Schau, wenn Ich nicht darüber wachen würde, würde der freimaurerische Geist so weit gehen, den Seelen, die zur Heiligen Messe kommen, jede Achtung Mir gegenüber, jede Hingabe des Herzens zu verbieten. Leider wird das bald an einigen Orten der Fall sein: Satan, der in den untreuen, geweihten Seelen am Werk ist, wird den liebenden Seelen verbieten, Mich zu empfangen, wenn sie sich weigern nachzugeben und sich seinen Gesetzen zu unterwerfen. Aber das freimaurerische Übel wird ausgelöscht werden: Ich verspreche es dir; es wird nur noch kurze Zeit dauern.

Was dich anlangt, so werde Ich dir dein Leben lang die Heilige Eucharistie schenken; das bedeutet, daß Ich dir immer die Freiheit geben werde, Mich in Wahrheit vor der Welt zu empfangen, mit der ganzen Liebe und der Achtung, die du Mir entgegenbringst, was auch immer die Priester dir befehlen mögen, die Satan geweiht sind.

Hab also keine Angst vor den Menschen und lebe in Wahrheit vor ihnen; habe den Mut, das zu sagen, was du zu sagen hast und tritt vor: Ich, Jesus-Christus, bin da und unterstütze dich; Ich gebe dir, was du brauchst, trotz der Bemühungen der Menschen, Mich in dir zu zerstören.

Nun geh! Ich segne dich.

Jesus-Christus

Donnerstag, den 9. Januar 1997

Jesus-Christus diktiert dir über die Freimaurerei.

Kind, die Zeiten sind hart für einen großen Teil der Seelen dieser Erde. Der Grund dafür ist, daß Satan in seiner äußersten Hinterlist versucht hat, die Bischöfe und die Kardinäle in seinen Bann zu bringen, damit sie sich meines Throns bemächtigen und Mein Heiliges Sakrament in Vergessenheit geraten lassen.

Bald wird die Erde erzittern vor so vielen Beleidigungen gegenüber Meiner Herrlichkeit. Die Bischöfe und ihre Hierarchie — das heißt diejenigen, die sich dem freimaurerischen Geist angeschlossen haben — werden so weit gehen, die Menge davon zu überzeugen, daß die Heilige Messe nicht mehr nötig ist, sondern daß eine Vereinigung betender Seelen sie ersetzt — und daß es auf dasselbe herauskommt, ob man die Heilige Eucharistie oder Mich im Geiste empfängt.

Dann werden die Seelen nicht mehr zur Heiligen Messe gehen, wenn kein Priester bei ihnen ist, und sie werden Mich nur noch selten empfangen; dann wird Satan triumphieren, weil er eine noch größere Dunkelheit auf diese Erde gebracht hat.

Dagegen sollst du dich erheben: Ich werde dir die Mittel dafür geben; keine Seele soll dir sagen, daß es der Heiligen Messe gleichkommt, wenn man zusammen betet und die Liturgie ohne Priester liest. Niemand soll dir sagen, daß es der Kommunion gleichkommt, wenn man Mich im Geiste empfängt.

Was sollst du dann antworten? Daß Ich, Jesus-Christus, dir das gesagt habe. Noch eine kurze Zeit, und Ich werde dir erlauben, offen in Meinem Namen zu sprechen.

Die offenen Herzen werden dich anhören; die anderen werden sich entfernen. Den letzteren sollst du nicht nachschauen und dich nicht lange mit ihnen aufhalten. Bete nur für sie in der Liebe, die du Mir entgegenbringst, und lasse sie weggehen.

Erlaube Mir, dir zu sagen, daß die Wände vernehmen werden, was Ich durch deinen Mund zu sagen habe; denn Ich habe dich erhoben, damit du Mein Herz in der Heiligen Eucharistie verteidigst: zusammen werden wir das tun.

Und du wirst trotz der Verfolgungen der «Bösen», dieser Untreuen, die glauben, alles zu wissen, hingehen und Meine Botschaft verbreiten.

Geh jetzt: Ich segne dich.

Jesus-Christus

Freitag, den 10. Januar 1997

Jesus-Christus diktiert dir über die Freimaurerei.

Kind, du hast gehört, daß Ich gesagt habe: «Die Steine werden hören, was sie nicht hören wollen, und jede Seele wird wissen, Wer Ich Bin.» (Eben, das habe Ich gesagt !!!)

Du sollst den Seelen die Wahrheit sagen, die sie nicht hören wollen, denn das ist gut so. Kein einziges Wort wird aus deinem Mund kommen, ohne daß es vom Heiligen Geist eingegeben worden ist. Ich werde dir die kranken Lämmer schicken, diejenigen, die nicht auf Mich hören wollen.

Du fragst Mich: «Warum das, da sie doch nicht hören wollen?» Nun, weil die Wahrheit furchtlos gesagt werden muß, auch wenn sie mißfällt. Das Übel wird besiegt sein, wenn die Wahrheit ans Tageslicht kommt. Und obwohl viele der freimaurerischen Seelen dich ablehnen werden, wird die Wahrheit sie zerschlagen und vernichten.

Jeder Mensch wird das herrschende Übel erkennen, wenn man den Mut hat, es offen auszurufen, weil dies das Wort Gottes ist und bleibt, Kind.

Du wirst den Großen die Stirn bieten müssen, denen, die behaupten, weise und intelligent zu sein, und du wirst ihnen mißfallen. Aber was Ich durch deinen Mund sagen werde, wird in Erfüllung gehen und sie vernichten. Sie werden nichts ausrichten können gegen Meine Weisheit und Meine Macht.

Wie wirst du beweisen können, daß das, was du sagst, von Mir kommt? Ich werde es durch Meine Taten beweisen. Du wirst nichts zu deiner Verteidigung sagen müssen. Die Wahrheit wird sie überführen. Und du wirst sprechen, solange Ich es wünsche: nichts wird dich treffen können.

Auch wenn Ich dir sagen muß: «Hab keine Angst»; so sage ich es dir: Ich werde dein Leben und das der Deinen beschützen.

Dann werde Ich dich sanft holen kommen und dich mit Freuden in Mein Reich mitnehmen.

Ich segne dich. Nun geh!

Jesus-Christus

Dienstag, den 2. September 1997

Jesus-Christus diktiert dir: Ich segne dich, Mein Kind, weil du kommst, um Meine Botschaften aufzuschreiben. Hör zu:

Das Böse ist in Meiner geplünderten und verdorbenen Kirche so groß, daß Ich Recht schaffen werde, indem Ich diejenigen ausschalte, die Mich verfolgen. Ich werde sie hinauswerfen und den Völkern zeigen, damit sie erkennen werden, von welchen Ungeheuern sie geleitet wurden. Wenn sie sich nicht bekehren, werden sie aus Meiner Kirche ausgeschlossen sein und den Löwen vorgeworfen werden.

Ich bin der vielen Verderbtheit in Meiner Kirche müde... Die einen tönen und spielen auf der Trompete, die anderen halten Feste ab und lachen, aber alles ohne Mich, denn sie lieben Mich nicht; sie wollen Mich vergessen und einen anderen Weg einschlagen.

Ich erwarte nur einen Blick ihres Herzens, um sie zu bekehren und zu Mir zurückführen, aber sie schauen Mich nicht einmal an. Sie gehen fröhlich weg und suchen Ehre und Ruhm, ohne sich nach Mir umzukehren.

Kind, Ich verliere all diese Menschen, die sich Mir geweiht haben, und die jetzt dem freimaurerischen Übel nachlaufen. Sie laufen in die Katastrophe und wollen es nicht sehen, weil sie so darauf versessen sind, Mir Meinen Platz wegzunehmen.

Geh zu ihnen, Mein kleines Werkzeug, und führe sie zur Wahrheit zurück. Sie werden dich verjagen — zumindest einige von ihnen —, aber andere werden dich loben, daß du gekommen bist, um sie zurückzuholen. Doch du wirst nur deine Pflicht getan haben, wenn du vor der Welt sprichst, wie Ich es wünsche. Ich verspreche dir, daß nichts von dem, was du tust, vergeblich sein wird, und daß Ich deine Arbeit segnen werde, indem Ich jeden deiner Schritte begleite.

Sie werden dir nichts anderes antun als das, was sie Mir angetan haben, Kind, aber du wirst Freude empfinden darüber, deinem Jesus gedient zu haben, den du so sehr liebst.

So geh denn in Frieden und verkünde Meine Botschaft. Ich segne dich.

Jesus-Christus

Mittwoch, den 3. September 1997

Jesus-Christus diktiert dir: Ich segne dich. Kleine Seele, schreite voran auf Meinem Weg; Ich habe dich auserwählt, um Mir in dieser Welt zu dienen.

Wölfe warten auf dich; es sind die Freimaurer im Schoß Meiner Kirche. Sie warten auf dich, um dich in Stücke zu reißen, wenn du Meine Stimme ertönen läßt.

Aber du weißt, daß Ich die Wölfe nicht fürchte, wie reißend sie auch sein mögen, und daß Ich in dir sein werde. Die Wölfe werden sich also verstecken, wenn sie Mich sehen, und Ich werde dich gegen sie verteidigen.

Wirst du Mir nachfolgen? Ich werde dich wie ein kleines Lamm tragen, dich pflegen, die Wunden heilen, die deine Feinde dir schlagen werden, dich über so viele Beleidigungen gegen Meine Herrlichkeit trösten und dich immer mehr zu der Meinen machen.

Ich bin des Bösen in dieser Welt überdrüssig, das auf dem ersten Platz thront und Mich links liegen läßt. Aber Ich werde

Meine Kleinen senden, um den Irrtum anzuprangern, und um zu siegen.

Wieviele Kleine habe Ich bereits in die Welt gesandt... und alle haben Mir gedient bis an den Rand ihrer Kräfte: sie haben die Herzen berührt und sie für Meine Gnade geöffnet.

Ich werde aus dir eine kleine Kämpferin machen, die Mein Herz verteidigt, das von Zärtlichkeit erfüllt ist; dieses Herz, das so viele niederzumachen suchen.

Sie glauben nicht, daß Ich ein Herz bin. Sie wollen nichts davon hören. Wenn sie sich darauf einließen, Mich anzuschauen, würden sie vor Scham vergehen, weil sie den Zustand ihrer von einem rationalen und langweiligen Geist verfinsterten Seelen erkennen müßten. Sie sind das absolute Gegenteil von Mir: schwarze und unreine Geister, die das Licht ablehnen.

Jetzt werde Ich zu jenen hinabsteigen, die sich für gerecht halten, und Ich werde ihren Seelen die Klarheit über ihr wahres Wesen vermitteln. Dann werden sie gehorchen und sich weit weg von Mir verbergen, weil sie so häßlich und mißgestaltet sind.

Ich habe noch Erbarmen für solche Seelen, und Ich werde es immer haben, Kind, wenn sie sich darauf einlassen zu bereuen und zu Mir zurückzukehren; aber das wünschen so wenige...

Jetzt werde Ich Wunder vollbringen, indem Ich offen die Niedertracht dieser Freimaurer enthülle. Dadurch werden einige davon abkommen. Und die anderen werden sich verstecken, das kannst du Mir glauben.

Die Unscheinbarkeit und Demut Meiner Kinder wird sie verunsichern und von den Posten vertreiben, die sie nie hätten einnehmen dürfen.

Geh nun! Das ist alles für heute Morgen. Ich segne dich.

Jesus-Christus

Donnerstag, den 4. September 1997

Jesus-Christus diktiert dir: Ich segne dich, Mein Kind.

Sage Mir, was das Wichtigste ist: Mir zu dienen oder dir zu dienen?

«Mir zu dienen», das heißt Mich anzubeten und die Wahrheit des Evangeliums zu verkünden.

«Dir zu dienen», das hieße, dich selbst zu erfreuen, indem du Ruhm und Ehre suchst und Mich dabei vergißt.

Ich segne dich. Siehst du, die Freimaurer dienen sich selbst; sie träumen nur von Ruhm und Macht, auch um den Preis der Verbindung mit dem Dämon, um dadurch schneller ans Ziel zu gelangen.

Ich will, daß Meine Priester demütig und heilig sind. Das werden sie nicht, indem sie Ehre suchen; das werden sie, indem sie ein Leben führen, wie ich es geführt habe: ein unauffälliges, vollkommen wahres Leben, inmitten Meines öffentlichen Auftretens.

Die Ehre gehört Gott, wenn die Seele klein und verborgen bleibt; dann freut sich der Himmel und tanzt vor Glück.

Menschliche Ehren sind ein fürchterliches Übel, wenn man sie nicht in großer Einfachheit annimmt, sondern hinter nichts anderem mehr her ist. Sie verderben und zerstören die Seele, indem sie sie von Mir abbringen.

Weißt du, was das Böse ist? Es ist der Dämon, der die Menschen so weit erniedrigt, daß sie zu Sklaven von unnützen und bedeutungslosen Dingen werden, die Mir ein Greuel sind. Das Böse drängt den Menschen, sich mit einer falschen

Liebe und einer falschen Freude — dem Stolz — zufrieden zu geben, die er in menschlichem Ruhm und Reichtum findet.

Der Mensch, der so tief fällt, wird gedemütigt und auf den Rang eines unterwürfigen Sklaven Satans befördert. Er wird getäuscht und um die wahre, gottgegebene Intelligenz gebracht.

Kind, prangere die Betrüger an, die sich in der Öffentlichkeit zeigen und keine andere Sorge haben als «wichtig» zu sein, anstatt den Wunsch zu haben, Mich zu kennen und zu lieben.

Dieses Zeitalter wird nicht vergehen, ohne daß Ich diesen abscheulichen Mechanismen ein Ende gesetzt habe, um Meinen Platz auf dem Thron Gottes, der Ich Bin, einzunehmen.

Kind, rüttle die Menge auf und überzeuge sie von dem, was in Meinen Kirchen geschieht; sage ihnen, daß sie nicht auf die hören sollen, die vorgeben, jemand zu sein und große Reden schwingen. Sage ihnen, daß sie mit ihrem Herzen hören sollen, und daß Ich sie zu dem führen werde, den sie anhören sollen. Aber sie sollen nicht falschen Lehren anhängen, die von Menschen geschaffen sind, und die zu Unreinheit und Verzweiflung führen.

Sage ihnen, daß sie Mich an der Sanftheit und der Zärtlichkeit des Blickes erkennen werden. Ja, sage ihnen das.

Wache gut über Meine Lämmer, indem du sie alles lehrst, was Ich dich lehre, damit sie nicht im Irrtum bleiben.

Nun geh! Ich segne dich.

Jesus-Christus

Freitag, den 5. September 1997

Jesus-Christus diktiert dir: Ich segne dich. Friede deiner Seele, Kind.

Ich liebe dich, weil du wahr und rein bist vor Mir. Deine Schwächen haben wenig zu sagen, solange du dich nach Mir sehnst. Und was deine «Auflehnung» Mir gegenüber anlangt, die daher rührt, daß du Mein Herz kennen willst, so segne Ich sie. Sie ist das Zeichen deiner Liebe.

Aber diejenigen, die sich gegen Meinen Heiligen Namen auflehnen, indem sie laut und deutlich verkünden, daß der Papst sich täuscht und sich auf dem falschen Weg befindet, die werde ich von ihrem Sockel stürzen und ihnen zeigen, was sie Mir angetan haben.

Tag für Tag fordern sie den Heiligen Vater — Johannes-Paul II. — heraus, indem sie versuchen, ihn zu verjagen, damit er Mich nicht länger verteidige. Aber sein Verschwinden wäre der Untergang Meines Volkes, das von den Lügen der Freimaurer schon so sehr geschwächt ist. Diese haben sich in Meine Kirche derart eingeschlichen, daß nur wenige Priester die Meinen blieben, wenn Ich nicht etwas unternähme.

So geh, kleines Kind, zerschlage dieses Reich Satans und verkünde die Zärtlichkeit Gottes. Setze Mich immer an die erste Stelle, so wirst du nichts zu fürchten haben. Ich werde deine Unterdrücker alle der Reihe nach stürzen und auf diese Weise siegen.

Aber bleibe Mir treu bis zum Schluß. Sprich nur Meine Worte aus und behalte die deinen — Worte von Feuer — in der Tiefe deines Herzens. Das heißt, daß alles, was du sagen wirst, von Mir kommen wird. Ich werde dich in jedem Augenblick bewahren. Denn du würdest deinen Zorn über das, was du sehen wirst, nicht beherrschen können... Also werde Ich deine Worte von Feuer — die in Meinen Augen berechtigt sind — zurückhalten, denn du sollst der Welt mit Meiner Zärtlichkeit begegnen.

Laß Mich klar und deutlich die Wahrheit verkünden, aber bleibe doch sanft, weil Ich dich liebe und Meine Liebe dir genügen wird, um nicht in Zorn zu geraten.

So. Meine heutige Botschaft ist beendet: sie wird allen Feuerseelen nützen, die darauf brennen, ihren Meister, deinen so sanften und zärtlichen Gott, zu verteidigen.

Ich segne dich. Nun geh!

Jesus-Christus

Montag, den 8. September 1997

Jesus-Christus diktiert dir: Ich segne dich, Kind Meines göttlichen Herzens. Verkünde Meine Worte mit dem Feuer deiner Liebe; laß die Menschen Meinen Namen nicht entehren. Führe sie zur Wahrheit zurück.

Siehst du, Ich habe gesagt: «Die Steine werden hören, was sie nicht hören wollen.» Die harten Herzen werden gegen ihren Willen die Wahrheit vernehmen. Meine Worte werden ertönen wie ein grollendes Gewitter: sie werden von allen Nationen vernommen werden. Und du wirst überall hingehen, wo Ich dich hinführen werde, um die Menge aufzuwecken und Mein Entsetzen vor dem Übel auszurufen, das sich in Meiner Kirche eingenistet hat.

Durch Meine Zärtlichkeit wirst du jene wieder zum Leben bringen, die darauf hoffen und wirst sogar die Ohren jener erreichen, die dich angegriffen haben.

So geh; spare nicht mit deinen Kräften, um Mir während der begrenzten Zeit deines Lebens auf Erden mit Eifer zu dienen. Diene Mir mit Freuden, wie du es immer gewünscht hast, und laß keine Seele ohne Antwort, wenn sie dich um Hilfe bittet: Ich werde ihr durch deinen Mund antworten, und sie wird getröstet werden.

Geh und berge die Unglücklichen unter Meinem Mantel der Zärtlichkeit. Führe sie zum wahren Leben in Gott zurück, jenem Leben, das du in Meiner Gegenwart erlebst.

Kümmere dich nicht um diejenigen, die Meine Botschaft zerstören wollen; ich werde sie allen Widersachern zum Trotz verteidigen. Nun geh! Ich segne dich.

Jesus-Christus

Freitag, den 26. September 1997

Jesus-Christus diktiert dir: Ich segne dich. Trage Meine Botschaft in den Schoß der Kirche, Kind.

«Wir werden über "glühende Kohlen" gehen», sagst du Mir. Ja, aber Ich werde bei dir sein, und die «Kohlen» werden sanft und leicht zu ertragen sein.

Hör jetzt zu. Alle Macht kommt von Mir, weil Ich es Bin, der etwas zuläßt oder duldet oder schenkt. Aber die finsteren Geister ergreifen von verdorbenen Seelen Besitz und geben ihnen die Macht, in Meinem Namen zu herrschen: das lasse Ich zu wegen der Freiheit, die Ich dem Menschen gegeben habe, aber ich verabscheue es. Diese Macht, die Satan wegen der Bereitschaft des Menschen zur Sünde erworben hat, ist dem Tod geweiht.

Geh dieses Übel entwurzeln und schneide es an seinem Keim ab. Dann wirf die Stücke ins Feuer. Das heißt, daß du in Meine Kirche gehen, die Wahrheit verkünden und die Lüge anprangern sollst. Stoße die Stolzen um, die vorgeben, dich zu vernichten; schneide sie dann von Meiner Kirche ab, wenn sie dennoch an der Lüge festhalten wollen.

Ich sehe, daß du ratlos bist! Wie wirst du kleines Nichts eine solch große Sache vollbringen... Nun, Ich werde alles durch dich tun.

Laß dir von denen helfen, die Ich auf deinen Weg schicken werde, und die dich in Meine Kirche führen werden; dann sollst du kämpfen, indem du Meine Zärtlichkeit predigst und die Lüge, das Laster, die Unreinheit zerstörst, die dort herrschen, an diesem Ort, der heilig sein sollte.

Bist du bereit? Ich segne dich.

Jesus-Christus

Donnerstag, den 2. Oktober 1997

Jesus-Christus diktiert dir: Ich segne dich.

«Vergib Mir», sagst du Mir... Ich bin die unendliche Vergebung. Ich kenne keine Grenzen für Meine Barmherzigkeit.

Deshalb denke Ich nur an Vergebung, wenn Ich Seelen sehe, die sich in tiefem Irrtum befinden; aber sie kommen nicht, um Mich um Verzeihung zu bitten...

Du hast viele Priester in deiner Umgebung erlebt, die alle verschieden sind, und doch sind sie alle Meine Priester, die in der Priesterweihe mit Mir vereint wurden. Nun, es gibt viele, die im Irrtum verharren, weil sie nicht mehr beten und Mein Herz nicht mehr um Verzeihung bitten.

Viele sind derart in der Finsternis, daß sie auf dem Weg Satans sind; und sie merken es nicht, weil sie völlig damit beschäftigt sind, ihren Stolz zu befriedigen.

Es bräuchte nur einen Schritt ihrerseits, damit Ich ihnen vergebe und sie auf den rechten Weg zurückbringe, doch sie beichten nicht mehr und behaupten, die Wahrheit zu besitzen.

Also muß Ich Gerechtigkeit schaffen, indem Ich Meine Kleinen zu den Priestern schicke und ihnen sagen lasse, daß Ich sie liebe und sie retten will. Denn Ich kann nicht mehr zu den Herzen dieser Seelen sprechen: sie hören Mir nicht zu; Ich muß sie aufwecken kommen.

Viele werden hören und zu Mir zurückkehren. Ich bin glücklich, daß dieser Moment bald da ist. Aber die Schlangen, die verkörperten «Satane», würden dich zu «Brei» zermalmen, wenn sie könnten, weil du es wagst, ihren Stolz anzuprangern.

Man sagt, daß «die Wahrheit verletzt». Nun, die Wahrheit Gottes verletzt Satan, aber nicht die reine Seele, die wie ein Sohn zu Mir zurückkehrt.

Irren ist menschlich; davon ist niemand ausgenommen. Aber die reine Seele kehrt zu Mir zurück, nachdem sie gesündigt hat. Die Seele, die das Laster und den Stolz nährt, kehrt nicht zurück, außer wenn Ich sie erschüttere, damit sie sich bewußt wird, wie sie ist.

Mein kleines Kind, achte Meine Kirche immer, und doch sollst du die Händler daraus verjagen, die Mich umbringen und Meinen Platz einnehmen wollen.

Die Freimaurerei wird in Meiner Kirche nicht herrschen: das habe Ich geschworen. Es kommt die Zeit, in der all jene, die Mich schlagen, angeprangert und hinausgeworfen werden.

Kind, lehre die Priester, daß sie zu Mir kommen müssen, um Mich um Verzeihung für ihre Sünden zu bitten; sie wissen das nicht mehr, sie wollen es nicht mehr wissen. Sage ihnen, daß sie Mich beleidigen, und daß Ich sie retten will.

Bist du dir nicht sicher, daß du die Rasse der Bösen erkennst? Ich werde sie dich erkennen lassen: du wirst mit deiner Seele in den Gewissen der Anhänger Satans lesen und zu ihnen sprechen.

Ich segne dich. Laß niemand Meine Botschaft aus deinem Herzen wegnehmen; verteidige sie mit allen Kräften, und laß Satan sich ihrer nicht bemächtigen, um sie zu entstellen. Umgib dich mit reinen Menschen, die dir helfen: Ich werde sie für dich auswählen.

Nun geh! Ich liebe dich.

Jesus-Christus

Donnerstag, den 2. Oktober 1997

Jesus-Christus diktiert dir: Ich segne dich.

Ich habe durch deinen Mund über viele deiner Brüder gesprochen, und Ich komme von neuem, um hier durch dich zu sprechen und Meine zerstreuten Schafe zurückzuführen.

Man muß kein Heiliger sein, damit Ich zur Seele spreche: man muß nur rein sein. Aber so viele sind unrein. So viele sagen Mir: «Ja, Jesus», und denken gleichzeitig an ihr Verbrechen... wenn du wüßtest, Kind, was für Schlangen in den Herzen gewisser Priester hausen.

Sie feiern die Heilige Messe, ohne Mich zu kennen; sie ist zu einem Ritus, einer Gewohnheit für sie geworden. Manche erheben Mich und denken, daß Ich nur ein Stück Brot bin... Sie verletzen Mich grausam.

Gib ihnen Klarheit, Kind; sage ihnen, daß sie Mich selbst in Händen halten, wenn sie das Brot und den Wein wandeln. Sage ihnen, daß sie Mich martern und damit aufhören sollen... Ich kann nicht mehr, weil Meine Herrlichkeit ununterbrochen verletzt wird. Ich komme, um sie aus Meiner Kirche zu verjagen, wenn sie Mich nicht mehr haben wollen.

Oh, Kind, wie weh sie Mir tun...

Geh in ihre Schlupfwinkel und entlarve die Schlangen, die sie nähren. Zeige ihnen, was sie Mir antun. Sprich sie fröhlich und mit Zärtlichkeit, aber auch mit Bestimmtheit an. Laß sie nicht gewähren.

Wo immer du hingehst werde Ich dich begleiten. Wir werden an die Tür der tauben und schwerhörigen Ohren klopfen, und wir werden sie durch ein Wunder Meiner Gnade hörend machen.

Folge Mir, Kind, hänge dich fest an Mich und verlasse Mich unter keinen Umständen.

Für dich, die Ich mit Wohltaten überhäufe, werde ich Wunder tun: Ich gebe sie dir für die Seelen.

Stille den Durst Meiner Kirche und nähre sie: das ist Mein Wille.

Ich segne dich.

Jesus-Christus

Donnerstag, den 2. Oktober 1997

Jesus-Christus diktiert dir: Ich segne dich.

Wenn du unterwegs sein wirst, wirst du weniger Zeit zum Schreiben haben, Kind, arbeite also jetzt viel, da wir Zeit dafür haben.

Wenn du Mir mit deinem Herzen, mit deinem Lächeln sagst, daß du Mich liebst, bin Ich glücklich. Weißt du, daß die Priester, die sich dem Bösen ausliefern, Mich nie anlächeln?

Du hast recht: es ist nicht «rosig» mit dem Feind!!! Aber die Barmherzigkeit Gottes kann alle Aussichten verändern...

Lehre die Seelen, Mich zu erkennen, Mir mitten im Leben zuzulächeln. Die Traurigkeit, die Entmutigung bei manchen Meiner Priester kommen daher, daß sie nicht begeistert für Mich sind.

Lehre sie, begeistert zu sein, indem sie in Meiner beständigen Gegenwart leben; sie sollen Mich kennen, Mir zulächeln,

Mir mit Freude ihre Loblieder singen, weil sie wissen, daß Ich sie in jedem Augenblick anhöre.

Sage ihnen, daß Ich Mich ihnen offenbaren und sie nicht in ihrer Lauheit lassen will, sondern daß sie glauben müssen. Sage ihnen, daß Ich ihr Inneres völlig verwandeln will, damit sie Mich in Fülle besitzen.

Wirst du das tun können? Nein: nicht aus dir selbst heraus; aber Ich werde es tun, Ich verspreche es dir.

Lehre die Priester, daß ich lebendig und gegenwärtig bin: sie wissen es nicht; Satan hat Meine Kirche durch die Freimaurerei so sehr verdorben, daß die Schwachen nicht mehr an Meine Gegenwart glauben.

Sie leben ihr Priestertum wie einen Beruf und nicht wie ein Liebeswerk. Sie wissen nicht mehr, Wer sie mit welchem Ziel auf diese Erde sendet. Wecke sie auf, Kind, indem du ihnen sagst, daß sie durch Meine Gnade erwählt worden sind, um Mir zu dienen und Mich anzubeten. Daß sie nicht aus ihrem eigenen Willen da sind, sondern durch den Plan, den Ich für sie gefaßt habe.

Sie müssen heilig sein, damit sie Meinen Willen erfüllen, indem sie Mein Wort achten. Sie müssen aufhören, Mir zu widersprechen und ihrem Stolz zu dienen. Dann wird die Kirche wiedergeboren werden...

Ich brauche Meine Kleinen, die die Priester, die Bischöfe, die Kardinäle aufwecken gehen, all jene, die das Banner Satans zur Schau tragen, anstatt das Banner Mariens zu hissen, von dem sie nichts mehr wissen wollen.

Kind, Ich ächze unter dieser Last. Hilf Mir, geh zu ihnen, und verkünde ihnen, daß Ich wiederkomme.

Ich segne dich.

Jesus-Christus

Donnerstag, den 2. Oktober 1997

Jesus-Christus diktiert dir: Ich segne dich.

Wenn Ich bei den Seelen bin, die Mich lieben, lächle Ich immer. Aber wenn die Seelen Mich ablehnen, bin Ich müde und betrübt.

Der Dämon tut alles, um Mir die Seelen zu entreißen. Wenn er sie in seiner Macht hat, können sie das Licht nicht mehr erkennen. Satan wirkt, indem er die Seelen verfinstert; er zieht sie zur Sünde und bringt sie dazu, sich darin zu gefallen. Im Schoß Meiner Kirche gibt es kaum welche, die dem widerstehen, und zwar deshalb, weil sie kein Verlangen nach der Liebe in ich tragen.

Satan hat Meine Kirche verdorben, indem er ihr eine Menge Beschäftigungen gab, von denen eine verlockender als die andere ist, und die dazu dienen, die Seele vom Gebet fernzuhalten, was sie gleichzeitig um ihr Leben bringt. Die Seele, die nicht mehr betet, lebt nicht mehr.

In diesem Jahrhundert beten jedoch auch die Bischöfe, die Kardinäle und die Priester nicht mehr: sie haben keine Zeit mehr. Es ist einfacher für sie, die Mich nicht wirklich lieben, ihren Stolz zu befriedigen, indem sie sich an sogenannten guten Werken beteiligen, als zu Mir zu beten.

Denn die Seele, die sich nicht mehr nach Mir sehnt, hat Mir nichts mehr zu sagen: sie ist trocken, trostlos, wie eine verwelkte Blume; dann entfernt sie sich und fällt in die dauernde Sünde.

Damit es anderen Seelen gelingt, diese verfinsterten Seelen zu retten, bedarf es in der Tat Meiner Gnade; diese erhält man durch die Liebe, mit der Meine Kleinen Mich überhäufen, die eine reine Seele haben und bereit sind, Mir zu helfen.

Damit Ich also da retten kann, wo es vor Sünden im Schoß Meiner Kirche wimmelt, sage Ich dir folgendes, kleine Françoise: geh mit Mir zu den geweihten Priesterseelen und führe sie zum Leben zurück, indem du an die Wirkung Meiner Gnade glaubst.

Geh zu ihnen und sage ihnen Meine Worte: sie sollen verstehen, daß Ich sie um Liebe bitte, nicht um menschlichen Ruhm; sie sollen verstehen, daß ihre Betriebsamkeit Mir mißfällt, weil sie Mich nicht lieben.

An Versammlungen teilnehmen, Festessen abhalten, wichtige Menschen ehren, all das können sie. Aber sind sie fähig, Mich zu lieben, die sie behaupten, die Meinen zu sein? Wissen sie, daß Ich mit Meinem Herzen auf sie warte, um sie wieder aufleben zu lassen?

Geh, kleines Kind, sage dem Volk Meiner Kirche, daß es zum Gebet zurückkehren soll, nicht zum Lippengebet, sondern zum Herzensgebet. Dann werde Ich Mein Haus wiederherstellen, Ich werde es heilig und mächtig machen für alle Ewigkeit.

Ich segne dich.

Jesus-Christus

Donnerstag, den 2. Oktober 1997

Jesus-Christus diktiert dir: Ich segne dich. Mein dreimal Heiliger Name wird gelobt, aber auch verraten. Diejenigen, die Mich verraten, sind die Übeltäter der freimaurerischen Sekte.

Um mein Volk leiten zu können, brauche Ich besonders in den Priesterseelen Reinheit und die Ablehnung des Lasters. Aber die Anhänger Satans, die das Böse und all seine Ruchlosigkeit ehren, haben sich verkleidet, um Meine Kirche zu zerstören. Die meisten waren Freimaurer, bevor sie Priester wurden; sie sind in Meine Kirche eingedrungen, um Mir Meinen Ehrenrang zu rauben.

Sie äffen Meine Lehre nach, um die Menge besser an der Nase herumzuführen und haben sich so für die höchsten Stufen der Kirche auserwählen lassen, damit sie Mein höchstes Opfer abschaffen können. Das Verbrechen, das sie begehen werden und bereits begehen, wird nicht ungestraft bleiben. Bevor sie Nutzen aus ihren Übeltaten ziehen können, werde Ich sie aus Meinem Haus verjagt haben.

Dring in das Innere Meines Hauses ein, solange noch Zeit ist, und enthülle die Schändlichkeit ihres Treibens. Enthülle öffentlich, wie die Freimaurerei arbeitet, daß sie sich mit Satan durch dunkle Verträge einläßt, und daß sie droht, die Welt untergehen zu lassen, wenn man ihr nicht gehorcht.

Doch nichts wird eintreten, wenn Ich es nicht zulasse. Der Wahnsinn des Menschen überwältigt Gott nicht. Und die Sekte Satans wird mit den Seinen in die Hölle zurückkehren.

Es braucht die Geduld Gottes, um den Taten Satans nicht schon ein gerechtes Ende gesetzt zu haben. Aber jetzt kommt Meine Barmherzigkeit, begleitet von Meiner Gerechtigkeit, um die Verleumder Meines Namens hinauszuwerfen.

Ich schwöre bei Meinem dreimal Heiligen Namen, daß die Erde niemals mehr eine derartige Schandtat erleben wird, noch daß ein derartiges Feuer des Bösen auf sie herabkommt.

Sieh, Ich komme und ziehe in Meine Kirche ein, um zu reinigen, was gereinigt werden muß, und sie für Mich wieder rein und schön zu machen. Dann werdet ihr wissen, daß Gott lebendig und der Herr der Welt ist.

Die Kleinen sollen nichts fürchten: sie sind Meine Geliebten. Mein Herz trägt sie mit Zärtlichkeit und hilft ihnen, Mich zufriedenzustellen: ihnen wird nichts fehlen.

Geh, du, die Ich segne; du wirst Meine Botschaft mitten in allen Arten von Widerwärtigkeiten verkünden, aber du bist stark: du bist mit Mir.

Ich segne Dich.

Jesus-Christus

Donnerstag, den 2. Oktober 1997

Jesus-Christus diktiert dir: Ich segne dich.

Manchmal nehme ich einen Kleinen auf Erden und offenbare ihm Mein Herz. Genau das tue Ich mit dir…

Mein kleines Kind, lerne, die Wahrheit über die Seelen zu unterscheiden; Ich gebe dir die Gnade, klar zu sehen zu Meinem höchsten Ruhm. Diese Gabe soll dir dazu dienen, die Seelen zu erwärmen, sie zu Meinem Herzen zurückzubringen, und nicht dazu, sie fallen zu lassen. Sage ihnen, daß du weißt, wie der Grund ihres Herzens aussieht, und daß Ich ihnen helfen will.

Und so sollst du eine Seele zu Mir führen, die Ich dir zeige: stelle sie vor Mich, indem du sie drängst, das Sakrament Meines Erbarmens zu empfangen, dann werde Ich sie erleuchten, ihr vergeben und sie wieder zu der Meinen machen.

Wenn dein Auftrag vollendet sein wird, wirst du nicht mehr auf dieser Erde bleiben: du wirst Mir alle Seelen zugeführt haben, die Ich dir anvertraut habe…

Sprich, Kind, du sollst den Mut haben, die Wahrheit deines Gottes auszusprechen, da dies Mein Wille ist. Laß nicht den Feind Herr über dich sein, indem du nicht so sprichst, wie Ich es wünsche.

Dein Auftrag gilt jetzt der Welt. Du mußt in den Schoß Meines Hauses eintreten und dort arbeiten; dort wirst du Meinen Willen für dich erkennen.

Ich führe dich dorthin, um Mir dadurch Befriedigung zu verschaffen; du wirst an vielen Orten gegenwärtig sein müssen; es ist gut, daß die Seelen dich sehen, dich anhören, wie ein Zeichen Meiner Zärtlichkeit. Du wirst ihnen sagen, daß Ich komme, um das für sie zu tun, was Ich für dich getan habe. Ich komme, um sie zu nähren und ihr Leben zu verändern. Ich komme, um dieser Welt, die ohne Gott lebt, Hoffnung und Licht wiederzugeben.

Hab den Mut, die Knoten zu lösen, die dich noch zurückhalten, und die aus der Angst und dem Zweifel bestehen, es nicht richtig zu machen. Schiebe diese Knoten zu Mir, und Ich werde sie in Meiner Liebe einfach lösen.

Ich segne dich. Alles, was der Heilige Geist in dir erbittet, werde Ich dir geben.

Geh nun! Du bist der Liebling der Zärtlichkeit deines Jesus.

Jesus-Christus

Freitag, den 3. Oktober 1997

Jesus-Christus diktiert dir: Ich segne dich.

Satan ist im Schoß Meiner Kirche entfesselt; er drängt die einen zur Verschwörung, die anderen zur völligen Aufgabe der Lehre, die Ich Petrus hinterlassen habe. Wenigstens er, Mein Petrus, bleibt Mir treu. Aber was wird mit all jenen geschehen, die danach trachten, ihn abzusetzen, um seinen Platz einzunehmen? All jene, die seinen Apostolischen Stuhl begehren, sind unreine Aufrührer mit einem befleckten und harten Herzen.

Schau, Kind, wie der Papst gelitten hat und noch leidet wegen der Bosheit seiner Umgebung. Er klagt jedoch nicht und fährt fort, Mir zu dienen und Mich anzubeten. Er folgt Meinem Weg.

Ganze Rassen, ganze Völker werden die Beleidigungen erkennen, die Meiner Herrlichkeit angetan werden, und dann werden sie sich an die Brust schlagen und ihre Sünde bereuen.

Meine Bischöfe, Meine Priester, Meine Ordensleute habe Ich erwählt, um Mich zu verherrlichen; sie jedoch bereiten Mir keine Freude; sie sind ständig damit beschäftigt, ein bißchen mehr menschliche Ehre zu ergattern und Mich ein bißchen mehr zu vergessen. Manche Klöster sind Häuser, in denen das Böse als absolutes Haupt herrscht. Manche Priesterseelen hätten besser daran getan, das Priestertum nicht zu erlangen, anstatt Satan nachzufolgen.

Überall sehe Ich nichts als schlecht verborgene Täuschung, Gewalt, Unreinheit… Warum müssen es gerade die Bewohner Meines Hauses sein, die Mich so grob hintergehen…

Aber jetzt werde Ich Meine Kleinen senden, die Mir teuer sind, und die überall dort, wo Ich sie hinsenden werde, die Wahrheit sagen werden. Sie sind Mir treu und achten Mein Gesetz; sie lieben Mich über alles und beleidigen Mich nicht; sie sind rein und schon heilig, weil Ich sie durch Meine Gegenwart heilige.

Daher werden sie in Meine Kirche, in die Klöster, in die Büros und überall dort hingehen, wo sich Laster und Unreinheit verbergen, und sie werden all das aus Meiner Kirche vertreiben.

Du, Mein Kind, sollst die Leiter Meiner Kirche aufsuchen: die Bischöfe, die Kardinäle: sage ihnen, daß sie Mir unrecht tun, daß Ich sie ersetzen werde, wenn sie sich nicht ändern.

Wie kannst du sie erkennen? Ganz einfach: sie tragen den Stolz auf ihrem Gesicht; sie sind weder demütig noch gut; sie sind traurig, öde, weil sie ohne Leben sind; sie sind langweilig, heuchlerisch und böse; du wirst sie erkennen.

Dann werden manche von ihnen zu Mir zurückkehren; Ich werde sie an Mein Herz drücken und sie von neuem und für immer zu den Meinen machen. Sie werden Mich verraten haben, Ich werde ihnen vergeben haben, und sie werden Söhne Gottes genannt werden.

Gehe dorthin, wo Ich dich hinsende, kleine Seele, und erledige deinen Auftrag gut; dein Gott wird dich beschützen.

Ich segne dich.

Jesus-Christus

Freitag, den 3. Oktober 1997

Jesus-Christus diktiert dir: Ich segne dich. Mein Kind, halte durch, Ich bin bei dir!

Sage Mir, bist du in den Dienst Gottes gerufen worden, oder kommt das aus dir selbst? Ich segne dich; ja, es kommt von Mir. Warum glaubst du dann, daß du dich auf deine eigenen Kräfte verlassen mußt? Gott kommt für alles auf, was Er verlangt; wenn Ich dich gerufen habe, Mir zu dienen, so werde Ich dir auch die Kraft geben, es zu tun.

So schreibe denn: weil du Mir in deinem Herzen treu bleibst, entfesselt sich das Böse gegen dich. Achte nicht darauf, dann wird es weggehen: es wird nicht anders können, als wegzugehen.

Ich segne dich.

Was geschieht mit Meinen Priestern, die Ich rufe, Mir zu dienen? Sie müßten sich auf Meine Gnade verlassen, um ihr Priestertum auszuüben. Leider verlassen sich viele nur auf sich selbst und sind viel zu stolz, um Mich demütig zu bitten, sie zu erleuchten. In Worten tun sie es, aber hintenherum, Kind, sagen sie Mir — sagt Mir ihr Herz: «Geh weg, Ich brauche Dich nicht.» Wie viele befinden sich in diesem Irrtum zu glauben, daß sie recht haben, weil sie ja Priester sind...

Das ist aber nicht so. Der Priester wird auch in Versuchung geführt, und wenn er keine reine und selbstlose Liebe in sich trägt, wird er stolz. Ich mag den Stolz nicht, noch weniger bei Meinen Priestern, denn sie bringen Meine Lämmer in Schwierigkeiten.

Es genügt nicht zu sagen: «Ich bin Priester, also gelte ich bei den Seelen als erleuchtet.» Nur der ist erleuchtet, der es sein will. Aber Ich kann nicht in die Herzen einziehen, die sich aus Stolz für erleuchtet halten; nein, das kann Ich nicht.

Also, Kind, wenn ein Priester dir sagt: «Ich habe die priesterliche Gnade, um Mich nicht zu täuschen», so sollst du dich vergewissern, daß er demütig ist und Mich wirklich liebt. Oft wirst du nur Stolz finden, wo Meine Gnade sein sollte. Dann sollst du den Worten dieser Seelen nicht glauben.

Der Priester erhält die Gnade, um die er bittet. Aber viele ziehen aus eigenem Antrieb «in die Mission», in Begleitung ihres Stolzes, anstatt Meiner Gnade. Warum? Weil sie kein übergroßes Verlangen nach Mir in sich tragen.

Du erwachst und sagst dir: «Aber wer ist dann rein?» Nun, Ich sage dir: diejenigen, die sich mehr als alles nach Meinem Ruhm sehnen und sich vor Mir auslöschen. Du sollst diejenigen anhören, die gut sind und lächeln: sie sind rein, was immer sie sonst noch für Schwächen haben mögen.

«Die völlige Bekehrung ist schwierig», sagst du Mir. Nein, sie ist ganz einfach: es genügt, voller Liebe für Mich zu sein.

Geh also, kleines Kind, und erzähle die Wundertaten Gottes. Ich habe dich vor denen gewarnt, die nicht wirklich die Meinen sind. Die Gnade begleite dich, damit du die Gabe der Unterscheidung hast, wo immer du hingehen wirst.

Ich segne dich.

Jesus-Christus

Freitag, den 3. Oktober 1997

Jesus-Christus diktiert dir: Ich segne dich. Mein Kind, die Seelen, die Mich anbeten, sind nicht sehr zahlreich; wenn du sie finden willst, mußt du einiges an Weg zurücklegen...

Der Papst, Mein geliebter Johannes-Paul II., gehört zu den heiligen Menschen dieses Jahrhunderts. Er ist weise und treu und gewährt dem Irrtum in seinem Dienst keinen Raum.

Aber die meisten anderen leben verborgen. Wenige führen ein öffentliches Leben, weil Ich sie ganz nahe an Meinem Herzen brauche, um es über so viel Böses zu trösten.

Es gibt jedoch manche, die Mir offen dienen, weil Ich sie darum bitte, ein Zeichen für ihre Zeit zu sein.

Bald wird Mein Donner grollen, und das Feuer wird auf jene herabkommen, die Mich im Schoß Meiner Kirche verletzen, Mich kreuzigen. Ein Großteil derer, die gegen Mich lästern, wird in einem Flammenmeer ausgelöscht werden. Die anderen, die Treuen, werden Mir nahe sein, und Ich werde sie bewahren. Bevor diese Zeit kommt, mußt du «ein Stück des Weges gehen», um Mir die verlorenen Schafe zurückzubringen. Kein einziges darf Mir sagen: «Ich wußte es nicht.»

«Das ist viel Arbeit», denkst du. Ja, aber dein Gott wird diese Arbeit tun. Mach dir keine Sorgen.

Ich will dich nur in Meine Kirche einführen, damit du Feuer und Liebe hineinbringst. Indem du die Lügner und Betrüger anprangerst, wirst du jenen wieder Leben vermitteln, die lau sind und nicht mehr können, und du wirst sie wiederbeleben. So werden sie zu Mir zurückkommen, nachdem sie dich gehört haben.

Siehe, Ich komme mit Meinen Engeln, um diese schlafende Welt aufzuwecken, derer Ich überdrüssig bin.

Dann wird sie von neuem erstrahlen, nachdem sie in dieser tiefen Betrübnis war, und sie wird wieder erblühen.

Nun geh! Ich segne dich.

Jesus-Christus

Samstag, den 4. Oktober 1997

Jesus-Christus diktiert dir: Ich segne dich. Mein Kind, wie glücklich bin Ich, mich mit dir zu unterhalten... Das geschieht im Gebet, wenn wir miteinander sprechen...

Die Menschen wissen nicht mehr, was das Gebet ist: ein Dialog in Meinem Herzen. Sie glauben, daß sie Mich finden, indem sie vorgefertigte, und übrigens heilige Worte wiederholen, aber ohne ihr Herz. Ihnen ist nicht klar, daß Ich ihnen zuhöre, daß Ich ihre Liebe brauche.

Damit tun sie Mir weh, weil sie mit den Lippen beten und die Lämmer lehren, es genauso zu tun. Meine Priester martern Mich, Kind, weil sie nicht mehr beten und die Seelen auf den falschen Weg bringen.

Ich will, daß du überall, wo du hingehst, klar und deutlich ausrufst, daß das Gebet ein Dialog ist, ein «Herz an Herz» mit Mir, und nicht eine Abfolge von Worten, die man zerstreut wiederholt.

Die Gebete sind heilig — diejenigen, die Meine Heiligen geschrieben haben —, aber sie sind nicht für die Seelen gemacht, die sich nicht nach Mir sehnen. Ich gebe denjenigen schöne Gebete ein, die es verstehen, Meinem Herzen zuzuhören, aber Ich flehe euch an, macht nicht einen Gott aus Mir, der Gefallen daran findet, eure endlosen Gebete anzuhören, bei denen ihr nicht einmal in Gedanken dabei seid.

Ihr Menschen dieser Zeit, Ihr Priester dieser Zeit, Ich will, daß ihr im Gebet lebt, in einem immerwährenden Gebet. Sagt Mir, was in eurem Herzen ist; gebt Mir eure Herzen, damit Ich sie in eine grünende Wiese verwandle. Ihr erweckt in Mir den Eindruck, daß Ihr Mich nicht liebt, wenn Ich euch so in «großartige» Meditationen versunken sehe, die einzig euer eigenes Vergnügen zum Ziel haben, weil ihr viel dabei nachdenkt.

Ich bitte euch nur um euer Herz: nicht um große Überlegungen, an denen Ich nicht teilhaben darf, nicht um große Versammlungen, in denen Ich abwesend bin, weil ihr Mich nicht einladet, sondern um euer Herz, immer wieder euer Herz.

In den Zeiten, die da kommen, wird das Herz Mariens und das Herz Jesu siegen, weil die Kleinen Meine Botschaft aufnehmen und der Erde vermitteln werden.

Das Reich Gottes wird in den Menschen und auf der Welt sein; es wird eurer Erde, die Ich euch geschenkt habe, Frieden, Freude und Wohlstand bringen.

Ich segne euch, die ihr Mir treu seid und Mich versteht.

Jesus-Christus

Samstag, den 4. Oktober 1997

Jesus-Christus diktiert dir: Ich segne dich. Frieden deiner Seele.

Mein glückliches Herz kann man in jener Seele erkennen, die Mich annimmt. Mein abgelehntes Herz kann man auch sehen, und zwar in der Traurigkeit, die von manchen Gesichtern ausgeht, die Mich nicht aufgenommen haben.

Die Freude kommt von Mir. Das Licht kommt von Mir. Der Friede kommt von Mir. Aber wenn ihr verschlossene, harte, trostlose, böse Gesichter seht, dann könnt ihr sicher sein, daß Ich nicht in ihren Herzen wohne.

«Was ist dann mit all diesen Priestern und Bischöfen, die mit strengem und stolzem Blick in den großen religiösen Veranstaltungen daherkommen?» fragst du Mich, die du nicht wagst, laut zu denken, vor lauter Angst, daß Ich böse werden könnte.

Mach dir keine Sorgen, Ich werde nicht böse!

Ich werde es dir erklären: das sind die, die Mich kreuzigen. Wenn du das Gesicht eines Bischofs, eines Kardinals oder eines Priesters siehst, das nicht gut, sanft, lächelnd, offen ist, so kannst du sagen, daß er nicht wirklich Mir gehört.

Was immer Ich einem Gesicht an Schönheit der Züge auch verliehen habe, die Seele hat die Macht, sie in ein Gesicht zu verwandeln, das von Licht erstrahlt, oder das von der Finsternis verdunkelt wird.

Derjenige, der Mich wirklich liebt, ist schön, ja, vollkommen schön, wie immer seine Wesenszüge sein mögen.

«Es gibt nicht viele Schöne in Deiner Kirche», sagst du Mir... Nun, Kind, die Weisheit spricht aus dem Mund der ganz Kleinen.

Ja, wenige sind schön, weil viele dem freimaurerischen Geist angehören, wenn nicht gleich der Sekte selbst. Sie gehören Satan; wie könnten sie also schön sein...

Viele andere hängen der Lauheit an, die auch von Satan kommt; sie sind betrübt, entmutigt, ohne Begeisterung für Mich: auch sie sind nicht schön, das stimmt...

Du weißt, daß der Leib immer die Seele widerspiegelt. Deshalb werfe Ich dir dein «Jesus, Deine Priester sind nicht schön» auch nicht vor. Ich weiß es, Ich teile deine Ansicht.

Aber wenn du das Glück hast, einer Seele zu begegnen, die Mich liebt, dann wird dein eigenes Gesicht von der Ausstrahlung dieser Seele erhellt, weil das göttliche Licht überallhin ausstrahlt, wo es hingelangt.

Siehst du den traurigen Zustand Meiner Kirche?

Ich segne dich, die du Mich mit deinen kindlichen Worten zum Lächeln bringst...

Arbeite für Mich, bist du einverstanden? Zusammen müssen wir diese Wüste erhellen. Hilf Mir, Ich bitte dich darum.

Ich segne dich.

Jesus-Christus

Samstag, den 4. Oktober 1997

Jesus-Christus diktiert dir: Ich segne dich.

Kind, die Botschaften, die Ich dir hier gebe, sind für Meine Priester bestimmt, wer immer sie seien. Daher sollst du nicht erstaunt sein, daß Ich so viel über sie spreche. Ich will die Freimaurerei in Meiner Kirche zerstören...

Satan hat schändliche Drohungen gegen Meine Kirche ausgestoßen. Aber sie wird siegen. Sie wird von Maria beschützt und wird trotz des Ausmaßes der freimaurerischen Verwüstungen durchhalten.

Siehe, Ich komme und dringe in Meine Kirche ein; wie Ich die Händler aus dem Tempel vertrieben habe, komme Ich mit einer Peitsche bewaffnet wieder, um die zu vertreiben, die nicht Mir gehören.

Siehe, Ich werde in das Herz Meiner Kirche eindringen, um die Betrüger anzuprangern. Sie werden Meinen Ruhm nicht länger beleidigen: Ich werde sie nicht mehr ertragen. Ich werde sie von ihren Thronen stürzen, und sie werden nie mehr darauf Platz nehmen.

Ich komme mit einer Armee von Kleinen wieder, um aus Meiner Kirche wieder einen heiligen und reinen Leib zu machen. Ich werde Meine Kirche wiederherstellen, das habe Ich beschlossen.

Dann werden die Habgierigen, die sich gegen Mich entfesseln, ihre Missetaten im Schoß der Finsternis, die sie frei gewählt haben, betrachten. Ich will sie nicht mehr in Meiner Kirche haben. Sie sollen bereuen, zu Mir zurückkehren, und Mich nicht mehr derart offen und ohne Gewissensbisse beschimpfen. (…)

Kind, die Beispiele für Seelen, die Mich offen im Schoß Meiner Kirche verletzen, sind zahlreich. Du sollst dorthin gehen, wo Ich dich hinsende und die Wahrheit wiederherstellen. Ich sage dir nicht, daß du jedesmal an Mein Ziel gelangen wirst, aber man wird Mich wenigstens vernommen haben, und das wird die Gewissen wachrufen.

Ich segne dich. Nun geh!

Jesus-Christus

Samstag, den 4. Oktober 1997

Jesus-Christus diktiert dir: Ich segne dich.

Der Dämon ist gefährlich, wenn es darum geht, die Menge zu verführen. Er versucht, Meine Lehre nachzuäffen, dann leitet er sie um, verändert sie, um sie besser vernichten zu können.

Seit dem letzten Konzil hat Satan geschworen, von vielen Priestern Meiner Kirche Besitz zu ergreifen. Er ist gerade dabei, das zu verwirklichen. Die Kirche, die schon durch so viel Mangel an Liebe geschwächt ist, ist dabei zu erkalten und zu sterben…

Die als Priester verkleideten Freimaurer versuchen mit ihren falschen und trügerischen Worten, den Rest Meiner treuen Herde durcheinanderzubringen. Das wird ihnen nicht gelingen: Maria hat eine Gruppe von Kindern Gottes aufgestellt, die den Feind ins Wanken bringen und besiegen werden.

Kind, du hast das Ausmaß der Weltjugendtage gesehen: das ist die Wiege Meiner neuen Kirche: du gehörst dazu, zusammen mit all den kleinen Propheten, die Ich in die Welt sende. Gemeinsam werdet ihr kämpfen und aufbauen und anbeten. Dann werdet ihr alle zum Fuß Meines himmlischen Altares kommen, und Ich werde euch segnen und euch an Mein Herz drücken.

Schon erheben sich die jungen Kinder, die das Kreuzzeichen tragen, um ihren Platz in der Armee Mariens einzunehmen. Sie werden zahlreich und rein sein, sie werden das Gesindel verjagen, das Meine Kirche durchzieht.

Erhebt euch, Kinder, euer Gott erwartet euch, um euch gegen Satan zu erheben. Als Rüstung wird Er euch die Liebe und Seine übergroße Zärtlichkeit geben, die aus Seinem

Herzen strömt; Er wird euch die Wahrheit, die Weisheit und die Kühnheit geben.

Ihr werdet das Böse entthronen, Ich verspreche es euch. Ich werde euch versammeln und euch zum Kampf aussenden.

Siehe, diese Tage brechen endlich an... Tage, die der Himmel so sehr erwartet, und die die Niederlage des Feindes bringen werden.

Nur Mut, kleine Truppe; dein Gott kommt, um dir die Kraft für den Sieg und für das Leben zu geben. Du wirst der Vorläufer des Friedens und der Freude dieser neuen Welt sein, die anbricht.

Komm, kleines Kind, das Ich besonders segne; leite Meine Kleinen in Meiner Zärtlichkeit; dort, im Schoß Meines Herzens, werden sie die Stärksten sein.

Nun geh! Ich segne dich.

Jesus-Christus

Sonntag, den 5. Oktober 1997

Jesus-Christus diktiert dir: Ich segne dich. Kind, laß Mich dir Meinen Schmerz über so viele Seelen sagen, die Mich verletzen... Sie sind derart zahlreich...

Überall da, wo es Geld gibt, droht die Gefahr. Überall da, wo sich Reichtümer anhäufen, entsteht die Gefahr, thronen zu können, über andere herrschen zu können; wenige nur erwerben Reichtümer und bleiben dabei gerecht und aufrecht.

Mit Reichtümern meine Ich nicht nur die materiellen Reichtümer, sondern auch ruhmvolle Posten. Die Menschen gieren nach Macht; sie lieben es zu herrschen und ihre Gegner zu bekämpfen. Aber sie kämpfen nicht für die Wahrheit. Sie täuschen Mich, verletzen Mich grausam und behaupten, daß sie die Überlegenheit des Verstandes besitzen, weil sie einen wichtigen Posten bekleiden.

Wo immer du hingehst, werde Ich dir diese arroganten und selbstsicheren Menschen zeigen, die so tun, als würden sie den anderen helfen, aber die nur sich selbst dienen; sie betrüben Mich und bringen Mich zur Verzweiflung.

Ich werde sie von ihrem Thron aus menschlicher Ehre heben, damit sie Mich anhören und zu Mir zurückkehren... Sie glauben, daß das Leben ihnen gehört, dabei besitzen sie nichts, was Ich segnen würde...

Kind, die Abscheulichkeit ihrer Seele ist entsetzlich; es genügt ihnen nicht, ohne Mich zu leben, sie ersticken auch noch die anderen mit Hilfe von Diskussionen und Wetten, von denen eine ekelhafter als die andere ist.

Ich will, daß du Mir auch diese Seelen zurückbringst, indem du ihnen erklärst, daß der menschliche Ruhm ihrer Seele nichts bringt, und daß sie sich auf dem falschen Weg des Stolzes befinden.

Sage denjenigen, die ihre Tätigkeit und ihr Amt «ernst» nehmen, daß sie nichts sind, und daß sie Gott lobpreisen sollen für das, was sie haben, anstatt darüber nachzudenken, wie sie die anderen mit ihrer Macht zunichte machen können.

Ich meine damit alle Berufe, Kind, wie auch immer sie aussehen mögen.

Arbeite, kleines Kind, damit diejenigen, die viel erhalten haben, nicht die Armen unter dem Vorwand unterdrücken, eine Weisheit und eine Intelligenz zu besitzen, die sie nicht wirklich haben, weil sie ohne Mich leben.

Ich segne dich. Deine Sendung sei fruchtbar.

Jesus-Christus

Sonntag, den 5. Oktober 1997

Jesus-Christus diktiert dir: Ich segne dich.

Ich will, daß du heilig bist; und du wirst es sein, weil Ich es bewirken werde und dich bewahre. Aber du darfst Mich nicht enttäuschen, indem du dich schlecht beurteilst. Ich beurteile dich nicht schlecht, wenn du aus deinem Herzen heraus sprichst, also sollst du es auch nicht tun.

Wenn du mit anderen Seelen sprichst, so tust du es in der Wahrheit und aus Mir, der Ich in dir bin. Weshalb machst du dir also Sorgen und wirfst dir vor, daß du etwas sagst? Hast du denn nicht das Recht zu sagen, was du denkst?

Du denkst immer, daß du etwas falsch machst, und du betrübst Mich sehr damit, weil Ich dir gesagt habe, daß Ich alles segne, was du tust. Behaupte nicht, daß du dich erniedrigst, wo Ich will, daß du feststehst. Die Seelen, die Mich nicht lieben, werden sich erniedrigen müssen, um Mich zu schauen; aber die Seelen, die Mich lieben, müssen fest auf ihren Beinen stehen, weil Ich sie beschütze.

Wann also wirst du dich entschließen, Mich handeln zu lassen und Mir zu glauben? Glaubst du, daß Ich über deine übermäßige Befangenheit glücklich bin? Nein, das bin ich nicht. Richte dich wieder auf und trage Mein Lächeln auf deinem eigensinnigen Gesicht zur Schau, aber habe den Mut, dich mit Mir zusammen auszudrücken. Hörst du?

Ich segne dich, weil du ein reines und treues Kind bist. Aber du bist nicht wirklich bei Mir, wenn du dich so schlecht beurteilst. Friede sei jetzt deiner Seele; du sollst verstehen, daß Ich Meine Geliebte niemals vernachlässigen könnte, wenn sie ihre Gedanken äußert.

Ich segne dich.

Jesus-Christus

Montag, den 6. Oktober 1997

Jesus-Christus diktiert dir: Ich segne dich.

Höre Meine Worte an, Kind. Du weißt, daß Mein Heiliger Geist Quelle aller Weisheit und aller Heiligkeit ist. Mein Geist muß in die Seelen eindringen, damit sie selbst Quellen von Leben werden.

Meine Kirche lehnt gegenwärtig die Bekundungen Meines Heiligen Geistes ab; sie verurteilt Ihn offen und verurteilt sich zugleich selbst, denn Ich habe gesagt, daß man nicht gegen den Geist lästern darf.

Aber in Meiner Kirche lehnen Mich so viele ab, daß Ich euch Kleine aussende, um ihr durch Meine Botschaften neues Leben zu bringen. Du wirst nichts weiter zu tun haben, Kind, als den Heiligen Geist in dir sprechen zu lassen, um die Erstarrung und den Tod zu besiegen, die in diesen Priesterseelen herumschleichen.

Der Hauptangriff Satans richtet sich — über die Priester — gegen Maria; denn Maria rettet und schützt... Satan haßt sie; daher drängt er Meine Priesterseelen zur Ablehnung der Bekundungen des Heiligen Geistes durch Maria, zum Beispiel bei ihren Erscheinungen. Aber Maria ist wirklich da, in Medjugorje genauso wie in Garabandal, in Fatima und noch an vielen anderen Orten.

Es genügt Satan nicht, Maria zu entthronen, er verdirbt die Seelen so gründlich, daß sie nicht mehr an Mein Wirken in der Welt durch kleine Seelen wie dich, und durch wundertätige und übernatürliche Geistesgaben glauben.

Die Kirche weist den Heiligen Geist zurück und verbietet Ihm zu sprechen...

Wie willst du, daß Ich schweige, Kind, bei so viel Auflehnung gegen Mich... Wie könnte Ich Meine Kirche in ihr

Verderben laufen lassen, wenn sie ohne Meinen Heiligen Geist lebt? Das wird nicht geschehen; Ich werde sie allen Widerständen zum Trotz verteidigen.

Deshalb sende ich dich, kleine Seele, damit du im Schoß Meiner Kirche arbeitest, um den Eifer für den Heiligen Geist wieder einzuführen, ohne den kein Mensch leben kann.

Ich sende dich mitten unter die Wölfe, aber Mein kleines Lamm wird nichts fürchten; es wird von seinem Gott getragen und dem Bösen in Meinen Priestern begegnen, und sie werden zu Mir zurückkehren.

Kind, durchziehe diese Wüste, zu der die Erde, und besonders Frankreich geworden ist; durchziehe Meine Kirche und führe den Glauben an den Heiligen Geist und den Eifer für Sein Wort wieder ein.

Ich segne dich. Ich werde immer bei dir sein.

Jesus-Christus

Montag, den 6. Oktober 1997

Jesus-Christus diktiert dir: Ich segne dich.

An keinem anderen Ort bin ich so sehr wie hier, in Frankreich, zu bestimmten Zeiten der Geschichte geliebt worden… Aber zur Zeit werde Ich hier gekreuzigt, so sehr haßt und entthront Mich die Kirche.

Die großen Heiligtümer Mariens werden den Händlern und den Ungläubigen überlassen… die kleinen Werkzeuge, derer Ich Mich bedient habe, um Meine Gnaden zu verbreiten, werden vergessen und abgelehnt. In der Kirche Frankreichs sehe Ich überall nur Nachlässigkeit und Ablehnung Meinen Gaben gegenüber.

Man enthebt Mich Meines Thrones, man schließt die Kirche, man leert und zerstört sie, man baut häßliche neue

Kirchen, ohne Meine Bitten dabei zu beachten. Die Priester selbst halten an manchen Orten den Sonntag nicht mehr heilig, indem sie es den Gemeindegliedern überlassen, den Gläubigen eine unvollständige Liturgie mit Meinem Brot in der Heiligen Eucharistie vorzusetzen.

Der Priester ehrt Mich nicht mehr. Er übergeht Mich, wenn er die Messe feiert, und glaubt selten an Meine Realpräsenz, wenn er die Gaben wandelt, indem er Mich durch ungeheiligte Hände (die von Laien) austeilt, auch wenn es keinen Grund gibt, dies zu tun.

Alles ist eine Verletzung für Mich in deinem Land, Kind, das Ich doch so reich beschenkt habe…

Ich bitte Dich, geh und bringe Meine Botschaft in Frankreich überall hin, damit das Land Mir wieder seine Treue schenkt.

Ich segne dich.

Jesus-Christus

Montag, den 6. Oktober 1997

Jesus-Christus diktiert dir: Ich segne dich.

Halte dich von allen Gefahren fern, Meine Tochter «Kirche»; denn das Böse schleicht um dich und in dir herum. Das ist der Grund, warum Ich Meine Kleinen aussende, damit sie dir deinen Irrtum enthüllen.

Ich bin überall, wo du bist, Kirche; und doch verletzt du Mich ununterbrochen, indem du so tust, als sei Ich nicht da. Anstatt Mich zu ehren, verfolgst du Mich und hörst nicht auf Meine Gebote.

Ich habe dir gesagt, daß du heilig sein solltest, aber du bist es nicht. Ich habe dir gesagt, daß du rein sein solltest, aber du bist es nicht. Du beherbergst Vipern, die dich selbst beißen und vernichten werden, wenn du nicht aufpaßt. Du beheimatest Übeltäter, die Mir Meinen Thron wegnehmen werden, wenn Ich nicht Gerechtigkeit schaffe.

So höre denn: seitdem es dich gibt, habe Ich dir nur Liebe und Mitgefühl gezeigt. Aber du hörst Mich nicht: du verschließt die Ohren, wenn Meine Stimme vor dir ertönt, und dann verrätst du Mich.

Ich werde Gerechtigkeit schaffen, weil du Mir nicht gehorchen willst, obwohl du doch Mir gehörst. Ich werde deine Eindringlinge entthronen und sie durch Meine treue und gesunde Herde ersetzen. Und du wirst in deinen ungesunden Gliedern weitab von Mir hinausgeworfen werden. Einzig Mein wahrer Leib, jene, die Mich lieben und Mich ehren, werden bewahrt werden.

Richte dich wieder auf, Kirche, indem du um Vergebung für deine zahlreichen Sünden bittest, und Ich werde dir vergeben und dich von neuem erheben. Aber verrate Mich nicht mehr: vergiß nicht, daß du einen Herrn hast, der Sein Leben für dich hingegeben hat. Vergiß Ihn nicht, denn Ich werde dich an Ihn erinnern.

Jetzt sollst du mit schambedecktem Gesicht zu Mir kommen, weil du so viele Gotteslästerungen und Entweihungen vor Mir begangen hast. Und Ich werde dir vergeben. Aber komm schnell zurück.

Und du, kleines Kind, das Ich so besonders liebe, verrate niemals Mein Herz, indem du Worte äußerst, die nicht von Mir kommen. Mach es nie wie die Kirche dieser Zeit.

Ich segne dich.

Jesus-Christus

Montag, den 6. Oktober 1997

Jesus-Christus diktiert dir: Ich segne dich. Mein Kind, Friede deiner Seele; höre.

In Meiner Kirche verbergen sich trügerische und hinterhältige Freimaurer, die zur Aufgabe haben, die Seelen zu verjagen, die sich Mir nähern wollen. Sie antworten jenen, die sagen: «Ich bin Gott begegnet, ich will ihn näher kennenlernen», folgendes: «Er ist nicht da, wo ihr Ihn sucht, ihr täuscht euch.»

Diese Menschen sind Mir ein Abscheu. Sie verjagen Meine Lämmer, indem sie bei ihnen Traurigkeit und Entmutigung verursachen, sie löschen durch ihre niederträchtigen und bösartigen Worte den Heiligen Geist aus, den Ich in sie gelegt habe, sie sagen Meinen Kleinen feierlich, daß sie nicht zu Maria pilgern sollen; sie verjagen sie aus Meiner Kirche...

Dich, Kind, habe Ich aufgezogen, damit du all jene wiederbelebst, die im Schoß Meiner Kirche verjagt werden. Du bist stark, du wirst die Wahrheit sagen und verkünden, daß diese Priesterseelen Mörder und Henker sind, und daß sie nicht zu Mir gehören. Du wirst die Seelen in Meine Kirche zurückführen, wo sie von Schafen aufgenommen werden, die zu Mir gehören. Ich werde alle diese enttäuschten Seelen retten, die gewaltsam mit leeren Händen weggeschickt werden, weil sie vom freimaurerischen Geist empfangen wurden.

So verbirg nicht dein Gesicht, Kind: du wirst laut verhöhnt werden von denen, die sagen, daß sie die Meinen sind, die jedoch dieser Sekte angehören. Aber deine Stunde gehört einzig Gott, und nicht den Menschen.

Ich werde Dein Schutzschild sein, Ich verspreche es dir.

Ich segne dich.

Jesus-Christus

Dienstag, den 7. Oktober 1997

Jesus-Christus diktiert dir: Ich segne dich. Du Mein innig geliebtes Kind, Ich bin glücklich, wenn du Meine Botschaften mehrmals liest. Sie sind eine Quelle von Leben.

Tu Mir jetzt den Gefallen und höre Meine Worte an. Die Verfolgung ist das Los jedes Menschen, der Mich wirklich liebt, denn Satan haßt die Wahrheit und den, der sie in sich trägt. Er wird die Seinen gegen dich erheben, um dich am Ergebnis deiner Sendung verzweifeln zu lassen. Die Freimaurer werden dir nichts erspraren: wenn sie sich von einem Kind entthront fühlen, werden sie dich mit Beleidigungen überhäufen.

Aber Ich werde bei dir sein. Ich verspreche es dir. Ich werde deine Kraft und dein Schutzschild sein, und Meine Feinde werden dich nicht besiegen. Im Gegenteil, deine Ernte wird reichlich ausfallen, wodurch sie sich noch mehr entfesseln werden.

Kümmere dich nicht um diese Tatsachen. Ich bin vor dir verfolgt worden, und Ich werde in dir wieder verfolgt. Das ist nicht das Wichtigste. Das Wichtigste wird sein, all diese lächelnden Gesichter anzuschauen, die Mich wiedergefunden haben. Dann wirst du dermaßen glücklich sein, daß du alle Verfolgung vergessen wirst.

Ich werde dich hüten wie Meinen Augapfel und deinen Angreifern nicht erlauben, dich zu berühren. Sie werden erkennen, wer Ich Bin.

Bist du also bereit, die kleine Seele zu sein, die Meine Geschenke in der Welt ausschütten wird? Ich segne dich. Du wirst nicht allein sein, niemals.

Jesus-Christus

Dienstag, den 7. Oktober 1997

Jesus-Christus diktiert dir: Ich segne dich.

Damit du ganz Mir gehörst, habe Ich Mir Zeit mit dir genommen: viel Zeit. Das war nicht vergebens, denn die glühende Wärme deines Herzens hat in dieser Zeit noch zugenommen.

Schau, der Herr dieser Welt — Satan — hat alles getan, um Meinen Priesterseelen weiszumachen, daß es das Gefühl der Liebe für Mich nicht geben darf. Sooft er es vermochte, hat er das Feuer im Herzen der Priester ausgelöscht. Sie sind allein geblieben.

Seitdem Ich mit dir arbeite, habe Ich dir ununterbrochen gesagt, niemals das Feuer in dir auszulöschen. Das Feuer ist dieses leidenschaftliche Gefühl, das du für Mich empfindest. Ich habe es immer in dir bewahrt und werde es ewig in dir bewahren.

Ohne Feuer ist der Mensch nichts mehr: er hat den Heiligen Geist in sich ausgelöscht. Arbeite daran, die Herzen wiederzuerobern, indem du ihnen zeigst, daß Ich Meine Zärtlichkeit auf diese Weise, nämlich durch das Gefühl, offenbaren will. Mein Reich wird in der Wärme des Feuers, im Gefühl der Liebe leben, das Ich den Menschen geben werde. Das verspreche Ich dir.

So geh zu den Menschen der Schrift und der Worte und sage ihnen, die Meinen Geist ausgelöscht haben, daß der Mensch nicht ohne Ihn leben kann, daß er wie trockene, unfruchtbare Erde wird, auf der nichts mehr wächst.

Sage ihnen, daß sie wieder mit dem Herzen lieben sollen, und daß sie sich danach sehnen sollen, Meine Liebe zu fühlen.

Ich segne dich.

Jesus-Christus

Dienstag, den 7. Oktober 1997

Jesus-Christus diktiert dir: Ich segne dich.

Durch das Amt, das Ich dir gebe — deine Sendung ist ein Amt —, werde Ich eine Vielzahl von Seelen aufwecken. Wo immer du Mir dienen wirst, werde Ich Wunderwerke tun.

Damit du ganz Mir gehörst, werde Ich Zeichen in deiner Umgebung und in dir wirken: das wird deinen Glauben wachsen lassen. Diese Zeichen werden auch den anderen gelten, damit sie glauben, daß du von Mir kommst.

Ich werde in dir sein, und man wird Mich sehen. Dein Gesicht wird Mir ähneln, und dein Lächeln wird Mein Lächeln sein. Dann werden sich die Seelen dir ohne Furcht nähern, und Ich werde ihnen helfen, sie trösten, ihnen antworten.

Jetzt wirst du Mich in deinem Herzen bewahren, ohne Mich jemals wieder loszulassen; du wirst Meine Ruhe, Mein Hafen des Friedens, Meine grünende Wiese sein. In dir werde Ich verherrlicht und geehrt wie in wenigen Seelen.

So sollst du Mich in die Welt tragen, die du von der Gnade auserwählt bist; gib Mich den am meisten Enterbten, damit das Lächeln der Freude über die völlige Umkehr auf ihre Lippen zurückkehrt.

Du, die Ich so sehr liebe, laß dich von der Liebe erfüllen, die Ich dir entgegenbringe, und gehe nie an einem flehenden Blick vorbei, ohne ihm zu antworten, daß Ich ihn liebe.

Nun geh! Ich segne dich.

Jesus-Christus

Dienstag, den 7. Oktober 1997

Jesus-Christus diktiert dir: Ich segne dich.

Es werden Seelen zu dir kommen und dir sagen: «Ich habe dir Offenbarungen von Jesus selbst zu bringen.» Glaube ihnen nicht. Diese Seelen sind Betrüger und die falschen Propheten, von denen Ich in Meinem Evangelium spreche.

Denn diese falschen Propheten werden mit allen Mitteln versuchen, dich zum Wanken zu bringen. Wer sind sie? Sie sind Anhänger Satans, die ihm ihre Seele gegeben haben und ihm in allem gehorchen. Sie werden dich schwer prüfen, dir sagen, daß du ein Hindernis für das Wort Gottes bist und noch vieles mehr. Höre nicht auf sie; Ich werde dich warnen, und du wirst sie wegschicken. Sie werden Freimaurer oder ähnliches sein, die kommen, um dich zu beschimpfen, und die behaupten, daß sie sich der Schrift gegen dich bedienen. Sie werden falsch sein, werden Maria nicht lieben und Stolz auf dem Gesicht tragen. Du wirst sie leicht erkennen.

Mein armes Kind, du denkst, daß Ich dich in eine recht seltsame Welt sende… Das stimmt, aber du wirst bei Mir sein. Ich mußte dich vor diesen falschen Propheten warnen, denn es gibt sie.

Durch ihre verdorbenen Seelen wird sich die Hölle gegen dich entfesseln, aber du wirst nichts zu fürchten haben: wir werden sie alle stürzen.

Daher sollst du keine Angst haben. Was immer die Leiden sein mögen, die du zu erdulden haben wirst, wir werden zusammen sein, und dein Lächeln wird immer bleiben.

Ich segne dich.

Jesus-Christus

Dienstag, den 7. Oktober 1997

Jesus-Christus diktiert dir: Ich segne dich. Wenn dein Herz in Mir ruht, erfüllst du immer Meinen Willen. Sobald dein Herz sich durch den Zweifel von Mir trennt, wirst du traurig: paß also auf.

Ich liebe dich so sehr, daß Ich dir jedesmal zu Hilfe kommen werde. Höre jetzt: die Seelen, die alles vorbereiten, um Mein Immerwährendes Opfer abzuschaffen, müssen angeprangert werden. Diese vollkommene Entweihung hätte den Ruin Meiner Kirche zum Ziel. Deshalb will Ich, daß du dorthin gehst, wo diese finsteren Machenschaften ausgeheckt werden, damit der Wurm aus der Frucht vertrieben wird. Denn wenn der Wurm bleibt, verfault die Frucht und ist nicht mehr genießbar.

Satan drängt die Priesterseelen dazu, Meine Gabe des Eucharistischen Brotes zunichte zu machen. Er beginnt damit, die einen an Meiner Realpräsenz zweifeln zu lassen und nimmt sich dann vor, die Verwegensten dazu zu drängen, ein unwiderrufliches Verbrechen zu begehen, indem sie Mich zunichte zu machen suchen und Mein Volk um die Kommunion bringen.

Das wird im Verborgenen vorbereitet, Kind. An vielen Orten «existiere» Ich schon nicht mehr.

Meine Abwesenheit wäre für die Gläubigen eine Katastrophe. Ich bin das Brot des Lebens. Wenn das Brot fehlen würde, würdet Ihr durch die Finsternis erstickt und sterben.

Verlasse also deine «Einsiedelei», kleine Seele, und schau, was in Meiner Kirche vor sich geht. Dann rufe es mit lauter Stimme aus, denn Meine Kirche darf nicht zugrunde gehen.

Ich segne dich, weil du Mir dienen willst. Nein, du wirst nicht zurückschrecken: du könntest es nicht: Ich stehe für deinen Schutz gerade, und Ich habe dich so weit in Mein Herz eindringen lassen, daß du ohne deine Sendung nicht mehr leben könntest... Das sind die Wundertaten Gottes.

Ich segne dich.

Jesus-Christus

Mittwoch, den 8. Oktober 1997

Jesus-Christus diktiert dir: Ich segne dich. In Kürze wirst du Flügel haben, um Mir zu dienen.

Manchmal muß Ich ein kleines Werkzeug benützen, das ganz schwach ist und doch einen starken Willen hat, Mir zu dienen...

So habe Ich dich erwählt wegen deines eigensinnigen und willensstarken Charakters; Ich wußte, daß du Mich nicht täuschen würdest, Mich nie verraten würdest. Ich wußte, daß das übergroße Bedürfnis nach Mir, das Ich in dir wecken würde, dich zu Meinem Liebling machen würde.

Für deine Sendung, in diese Welt zu gehen, mußt du stark sein und einen festen Willen haben. Dafür habe Ich dich aufgezogen.

Deshalb bereitest du Mir keinen Kummer, wenn dein Charakter bei der Suche nach Meinem Herzen explodiert. Auch das habe Ich dir gegeben: die Freiheit der Kinder Gottes. Ich könnte dich nie in Gesetze einsperren, die viel zu eng für dich sind: du würdest alles zerschlagen!

«Ja, aber, wie werde ich es anstellen, um weiterhin zu arbeiten, wie Du es wünschst?» fragst du Mich. Nun, Meine Gnade wird auf dir ruhen. Du mußt nur Meine überströmende Liebe aufnehmen, dann wirst du gar nicht anders können, als Mir zu folgen in dem, was Ich tun will.

So sei deine Seele im Frieden, kleines Kind. Dein Gott freut sich darüber, dich frei und treu zu wissen.

Ich segne dich.

Jesus-Christus

Mittwoch, den 8. Oktober 1997

Jesus-Christus diktiert dir: Ich segne dich. Mein Kind, du hast nichts weiter zu tun als Mich zu lieben, dich nach Mir zu sehnen und dich von Mir erfüllen zu lassen. Es ist Mir eine Freude, Meine Liebe auf dich überströmen zu lassen, weil du eine Meiner kleinsten Seelen bist. Du sollst Mich nicht fürchten, weil Ich Liebe bin für jene, die auf dem rechten Weg sind.

Befreie deine Seele von aller Furcht, weil die Furcht nicht gut ist, wenn man liebt. Du kannst Mich nicht zugleich lieben und Mich fürchten: deine Furcht lähmt deine Liebe zu Mir.

Das gilt jedoch nicht für jene, die in ihrem Herzen kein Verlangen mehr nach Mir haben; sie müssen Mich fürchten, weil Ich Gerechtigkeit schaffen werde. Es ist nicht gesagt, daß Ich sie Mich weiterhin kreuzigen lassen werde; sie verletzen Mich zu sehr. Alles, was sie Mir zu sagen haben sind Worte, die Mich verleugnen: sie täuschen Mich andauernd und wissen nicht, daß Ich alles in ihren Herzen sehe.

Sie werden Mir Rechenschaft ablegen müssen über ihre Taten, als sie Meine Herde, und damit Meine Kirche, mit Füßen traten.

In Kürze werden die Engel diejenigen, die Mir dienen wollen, von jenen scheiden, die Mich entehren: letztere werden verjagt werden, weil Gott, Mein Vater, sie nicht mehr erträgt.

Geh also, kleine Seele, und mache beide Gruppen aufmerksam, damit diese kurze Zeit dazu diene, die einen zu bekehren, und die anderen zu entfernen, die nicht zu Mir gehören und nicht zu Mir gehören wollen.

Ich segne dich, weil du Mir treu bist.

Jesus-Christus

Mittwoch, den 8. Oktober 1997

Jesus-Christus diktiert dir: Ich segne dich. Kind, wenn du dich ausruhst, dann tust du es in Mir, und Ich wache über dich. Wenn du wach bist, begleite Ich dich in jedem Augenblick, um dich am Leben zu erhalten.

Erlaube Mir daher, dich zu fragen: Was ist das Wichtigste: dein Wille oder der Meine? Ja, der Meine ist das Wichtigste, weil Ich dein Glück will, und weil Ich weiß, wie Ich es dir geben kann. Deshalb mußt du Meinen Willen vorziehen: denn Ich schenke dir die Gnade, in jedem Augenblick bei dir zu sein, und dies dient zu deinem Glück.

Du hast Mir gesagt, daß du leben und Meinen Willen erfüllen willst. Das ist gut. Jetzt wirst du verstehen, daß das Leben von Mir kommt, und daß du es empfangen wirst, indem du Meine Gnaden annimmst.

Um Meine Gnaden anzunehmen, braucht es ein reines und ein kindliches Herz; dann schenke Ich Mich in Fülle. «Du hast nichts weiter zu tun, als Mich zu lieben», habe Ich dir oft gesagt... Ja, denn es hängt nicht von deinen Bemühungen ab, ob du Meine Gnaden empfängst. Ich brauche einzig Deine Liebe dafür.

Da Ich dich erfülle und dir große Kraft gebe, sollst du Mir das Geschenk machen, Meinem Willen für dich immer zuzustimmen, sobald du dafür bereit bist. Wenn du ja sagst, wird auch das unter der Wirkung Meiner Gnade geschehen, denn du wirst mit Leidenschaft und mit Liebe ja sagen.

Bis dahin sollst du Mich anlächeln, kleine Seele, denn du hast die Gnade empfangen, heute Nachmittag bei Mir zu bleiben, und Ich will es so.

Ich segne dich.

Jesus-Christus

Mittwoch, den 8. Oktober 1997

Jesus-Christus diktiert dir: Ich segne dich. Mein Kind, du wirst nie allein sein, denn Gott gibt Seine treuen Kinder niemals auf. Beim geringsten Seufzer deines Herzens bin Ich da; beim geringsten Ruf deinerseits stürze Ich zu dir, weil du eine treue Seele bist. Ich habe das kleinste Geschöpf erwählt, um Mich in Fülle in Meiner unendlichen Zärtlichkeit hinzugeben, und Ich habe ihm die Treue geschenkt.

Wenige Seelen in dieser Welt sind treu, weil es dem Feuer des Heiligen Geistes nicht gelungen ist, in ihre Herzen einzudringen. Ich muß den Schutzpanzer mancher Seelen durchstoßen, um in ihren Herzen wohnen zu können...

Meine Priesterseelen haben zur Aufgabe, die Seelen zu retten und zu heilen; aber da sie selber krank sind, tun sie nichts. Es würde genügen, wenn der Heilige Geist ihre Herzen entflammen würde, damit sie zu Mir zurückkehren, aber sie wollen nicht: sie sind Meiner Gnade untreu. Da sie sich nicht mehr nach Mir sehnen, haben sie ihr Herz für die Fülle Meiner Gnaden verschlossen. Sie werden trocken und öde, ohne Frucht. Warum? Weil ihr Herz unrein ist: es sehnt sich nicht nach Meinem Ruhm, sondern nach dem ihren; so kann Ich nichts tun.

Kind, du sollst also diese armen Seelen aufwecken, die sich aus Stolz für die Gnade verschlossen haben. Führe sie auf den rechten Weg zurück, damit sie wieder zu Mir finden und von neuem Frucht bringen.

Denn siehe, Ich steige herab, um bei den Untreuen und Unreinen Gerechtigkeit zu schaffen.

Ich segne dich.

Jesus-Christus

Donnerstag, den 9. Oktober 1997

Jesus-Christus diktiert dir: Ich segne dich. Du sollst im Frieden mit mir sein, kleines Kind, das Ich so sehr liebe.

Ich gebe dir das Leben, weil du Mein Same bist. Weil du Mich aufnimmst, bilde Ich Mich in deiner Seele ab.

In dieser Zeit predigen und beten Meine Priesterseelen, ohne Mich in ihrem Herzen zu haben; so wird alles zu einem menschlichen Wort und ist nicht mehr vom Heiligen Geist eingegeben. Warum? Weil die Seelen Meiner Gnade nicht treu geblieben sind; sie haben es nicht verstanden, ihr Herz rein und offen zu bewahren und haben den Heiligen Geist vertrieben. Aus diesem Grund sind ihre Worte dürftig, voller Irrtümer und oberflächlich, und sie geben den Seelen kein Leben.

Damit das Herz für die Gnade offen bleibt, brauche Ich eine unverfälschte Absicht und Liebe; eine Seele, die Mich nicht «wie» einen Menschen und noch mehr liebt, hat keine Aussicht darauf, daß der Heilige Geist in ihr wohnt.

Das ist der Grund, warum so viele Priester entmutigt sind, so viele Priesterseelen sich auf dem falschen Weg befinden, und so viele Seelen, die auf sie hören, in ihr Verderben laufen.

Meine Priester beten nicht mehr; sie können es nicht mehr, haben nicht mehr die innere Ruhe, die nötig ist, damit Ich in sie einziehe. Die Kirche läuft in ihr Verderben…

Willst du die kleine Begeisterte Meines Herzens sein, die Meiner Kirche wieder das Feuer schenkt? Ich segne dich. Meine Barmherzigkeit und Meine Zärtlichkeit werden immer für dich da sein.

Jesus-Christus

Donnerstag, den 9. Oktober 1997

Jesus-Christus diktiert dir: Ich segne dich.

Bald wirst du die ganze Tiefe Meines Herzens erreichen; du wirst wissen, was die Zärtlichkeit Gottes ist, und sie wird deiner Seele ihre unendliche Sanftheit einprägen.

Wenn du die Herrlichkeit Gottes und den Ausdruck Seiner Liebe sehen willst, mußt du dafür bereit sein. Bereit sein bedeutet, eins zu sein mit Mir. Deshalb bilde Ich dich, lehre Ich dich, nähre Ich dich.

Meine Herrlichkeit ist für alle Menschen da. Meine Herrlichkeit ist der Widerschein Meiner Schönheit: man wird sie auf all jenen erkennen, die Mich in ihrem Innersten besitzen wollen. Sie ist Meine Ausstrahlung in derjenigen Seele, die Mich in sich trägt.

Damit die Kirche stark ist, damit sie leben kann, muß Meine Herrlichkeit in ihr da sein; dann werden die Lämmer genährt und ihr Durst gestillt, und es wird ihnen an nichts fehlen. Damit sie da ist — Meine Herrlichkeit —, brauche Ich heilige Menschen: Menschen, die das Verlangen haben, heilig zu sein.

Heutzutage wollen jedoch wenige Meiner Priester heilig sein; sie wollen wichtig sein, einen guten Ruf bei den Menschen genießen, aber nicht mehr heilig sein.

So werden sie Meine Herrlichkeit nicht kennenlernen und in der frei gewählten Sünde der Blindheit verharren.

Du, kleines Kind, sollst wieder Ordnung in Meiner Kirche schaffen, damit Meine Priester wieder anfangen zu beten und Mich in ihrem Herzen empfangen.

Ich segne dich.

Jesus-Christus

Donnerstag, den 9. Oktober 1997

Jesus-Christus diktiert dir: Ich segne dich.

Ich liebe Meine Kirche, Ich will, daß sie vollkommen und heilig sei. Ich werde sie in Mein Herz führen, und sie wird zu Mir zurückkehren.

Heutzutage hat jeder im Schoß der Kirche Angst, daß eine andere Seele ihm an menschlichem Ruhm überlegen sein könnte… Das ist entsetzlich in Meinen Augen.

Ich habe gesagt, daß derjenige, der in Meiner Nähe leben will, den anderen dienen und sich als der Geringste von allen erweisen muß. Aber niemand will den anderen mehr dienen: man bemüht sich, sich zur Schau zu stellen, seinen Ruhm zu vergrößern, aber nicht mehr, den anderen zu dienen.

Ich will, daß Meine Diener heilig seien, aber sie sind es nicht. Zum einen weil Ich ihnen Petrus als Haupt gegeben habe und sie ihn ablehnen. Zum andern weil sie in vollkommenem Ungehorsam Mir gegenüber auf dem Weg voranschreiten, der sie in die Hölle führen wird.

Schau, Ich habe Erbarmen mit Meiner Kirche: sie ist Meine Tochter, Mein Kind. Aber manche Meiner Diener besudeln sie, zerstören sie. Die Freimaurerei ist in sie eingedrungen, um sie vollkommen zu zerstören, wie Satan es wünscht.

Aber das wird nicht geschehen. Ich werde Meine Kleinen aussenden, die durch die Welt ziehen und ausrufen werden, daß der Falsche, der Betrüger am Werk ist, und daß Ich ihn entwurzeln werde. Das wird geschehen. In Kürze wird Meine Kirche gereinigt werden, und die Erde wird wieder aufleben.

Meine kleinen Kinder, ihr müßt euch an die Arbeit machen: Ich werde in euch sein zu Meinem höchsten Ruhm.

Ich segne dich.

Jesus-Christus

Donnerstag, den 9. Oktober 1997

Jesus-Christus diktiert dir: Ich segne dich. Wenn Meine Zeit da ist, wird die Kirche auf den Fundamenten, die Ich ihr gegeben habe, und auf Meinem Herzen wieder aufgebaut werden. Bis dahin ist der Böse am Werk, um zu täuschen und um den Stolz der ganz Üblen zu befriedigen.

Ich werde so unvermittelt eingreifen, daß die einen verblüfft sein, und die anderen umkommen werden, weil Ich sie mit Meinem Feuer der Herrlichkeit wegfegen werde. Die meisten werden tief erschüttert sein und Mich verherrlichen, indem sie sich im letzten Moment bekehren, weil Ich will, daß sie zu Mir zurückkehren. Aber Satan hat geschworen, die Meinen zu verderben und sie in seine Nachfolge zu ziehen. Einzig die göttliche Barmherzigkeit wird noch wirken können, wenn die Lawine, die sie selbst verursacht haben, auf diese Seelen herabstürzen wird. Meine Barmherzigkeit wird ihr Leiden sein; es wird das letzte Mittel sein, das Ich einsetze, um sie zu Mir zurückzubringen.

Danach… werde Ich da sein, aber es wird zu spät sein. Derjenige, der Mich abgelehnt hat, wird nicht vor Meinem Angesicht bleiben können. Ich werde mitten unter Meinen Kleinen thronen, sie mit Meinen Küssen überhäufen, und sie werden Mich anbeten.

Bevor diese Zeit kommt, will Ich, daß du Mein Brot mit denen teilst, die Mir teuer sind, weil Ich sie retten will. Ich will, daß alle zu Mir zurückkehren. Dann werde Ich zu euch hinabsteigen können.

Siehe, Ich komme, und die Welt wird für Mich entbrennen. Sie wird vom Tod, der ihr auflauert, zum Leben in Mir hinübergehen.

Ich segne dich. Mein Werk soll mit Hilfe der Kleinen, die Ich dir senden werde, in Fülle weitergegeben werden.

Jesus-Christus

Donnerstag, den 9. Oktober 1997

Jesus-Christus diktiert dir: Ich segne dich.

Als Ich nach Meiner Auferstehung kam, um zu den Meinen zu gehen, bin Ich zu denjenigen hinabgestiegen, die sich am meisten nach Mir sehnten: Maria, Meine Apostel, Meine Jünger, die Kinder… Diejenigen, die Mir auf Erden nachgefolgt waren, hatten teil an Meiner Herrlichkeit, indem sie Mich in den Himmel zurückkehren sahen.

Jetzt, in der Welt, mache Ich es immer noch so. Ich komme nicht, um Heilige aufzusuchen, sondern Ich komme zu Seelen, die Ich aufrichten, anrühren, mit Meiner Liebe verzehren will, und die Mir hier auf Erden nachfolgen werden. Wenn die Zeit da ist, werden sie Meine Herrlichkeit in demselben Maß erblicken: sie werden die Herrlichkeit des Auferstandenen teilen.

So höre, damit du Mich verstehst: bald ist Meine Zeit da, die Zeit der Rückkehr Dessen, der ewig ist. Er wird erst zu den Kleinen herabsteigen, die Ihm hier auf Erden nachgefolgt sind, damit sie Mein Reich auf der Erde teilen, ein Reich, das in den Herzen lebt. Sie werden die ersten sein, die

Ich aufsuchen werde. Dann werde Ich zu den anderen gehen, die im Rückstand sind, weil sie nicht vollkommen bekehrt sind. Ich werde sie mit Meinem Atem beleben, wenn sie leben wollen.

Und schließlich werde Ich zu jenen gehen, die Mich kreuzigen, und sie werden fliehen, wenn sie erkennen, was sie Mir angetan haben.

Das beschreibt in wenigen Worten, was bald eintreten wird. Deshalb sollst du Mir dein ganzes Wesen schenken, damit Ich deinen Auftrag vollenden kann, bevor diese Zeit anbricht.

Ich segne dich.

Jesus-Christus

Donnerstag, den 9. Oktober 1997

Jesus-Christus diktiert dir: Ich segne dich. Weißt du, daß Ich die Erde, den Himmel, die Sterne und alles, was ist, aus Liebe gemacht habe? Weißt du, daß Ich den Menschen nach Meinem Bild geschaffen habe, damit er seinerseits liebe und glücklich sei?

(Kind, Jesus-Christus ist Eins mit dem Vater und dem Heiligen Geist. Ich fehle nicht in der Wahrheit, wenn Ich dir sage: «Ich»: das ist dann der Vater in Mir, vereint mit Mir, der zu dir spricht...)

Fangen wir nochmal an... Schau, Ich habe die Erde mit ihren Bewohnern geschaffen, damit sie Mich loben und in Mir leben. Kennst du viele Seelen, die sich nach dem Warum ihres Daseins fragen? Der Mensch hat einen armseligen und engstirnigen Geist; anstatt über den Grund seines Daseins nachzudenken, denkt er über das Kämpfen nach...

Die Priesterseele, die zur Aufgabe hätte (wenn sie sie annähme), vor der Menschheit zu verkünden, wozu sie geschaffen ist, begnügt sich ohne den Heiligen Geist mit recht traurigen, menschlichen Worten.

Gott hat euch nicht geschaffen, damit ihr kämpft. Er hat euch geschaffen, damit ihr Sein Licht schaut, damit ihr euch Seines Anblicks erfreut. Aber ihr setzt Ihn nicht an die erste Stelle, daher seht ihr nur eure engen Grenzen, innerhalb derer ihr euch bewegt.

Gott hat eure Seele nicht für die Arbeit, für das Leiden, für die Einsamkeit geschaffen. Er hat euch als erstes Gebot gegeben, Ihn anzubeten, damit ihr das Leben habt. Er hat euch nicht allein gelassen; Er hat Mich, Jesus-Christus, gesandt, damit Ich euch beibringe, im Licht zu leben.

Aber ihr habt nicht gehört… Und doch will Gott euer Glück, ja, Er will es wirklich. Deshalb komme Ich von neuem, um es euch zu erklären…

Ich segne dich, Kind…

Jesus-Christus

Montag, den 13. Oktober 1997

Jesus-Christus diktiert dir: Ich segne dich. Laß Mich dir das Innere Meines Leibes — der Kirche — zeigen.

Heute grüßen sie Mich mit großer Ehrfurcht, aber sie wissen nicht, daß Ich sie anschaue und ihr Herz prüfe. Sie ehren Mich mit Gesten, aber ihr Herz ist nicht dabei. Sie predigen Mein Evangelium, indem sie es nach ihrem menschlichen Urteilsvermögen entstellen.

Sie hassen Mich und glauben, daß Ich sie nicht sehe. Sie sind in vielen Meiner Heiligtümern am Werk und haben zur Aufgabe, die wenigen Schafe, die Mir noch bleiben, zu Fall zu bringen.

Ich verabscheue die, die sich den Anschein geben, das Gute zu tun, aber keinerlei Liebe in sich haben — und das trotz Meiner unendlichen Liebe. Sie verletzen Mich, sie kreuzigen Mich von neuem. Sie sind die Ursache für die Erschöpfung Meiner Kirche, in ihrem Leib wie in ihren Gliedern.

Siehe, Ich komme, um das Innere Meiner eigenen Kirche umzuwälzen, weil das Böse darin gesiegt hat. Ich komme, um die Abels wieder zu den Meinen zu machen und die Kains zu verjagen, die weiterhin plündern und töten.

Meine Lämmer, Gott kommt, um euch wieder heilige Priester zu geben, die ganz Seinem Herzen geweiht sind, und die nicht als Menschen verkleidete Dämonen sind. Daher bitte Ich euch, wieder Hoffnung zu schöpfen, in Meine Kirche zurückzukehren, und Mir auch dabei zu helfen, diejenigen zu verjagen, die nicht die Meinen sind.

Ich segne euch, die ihr Meine Botschaft aufnehmt.

Jesus-Christus

Montag, den 13. Oktober 1997

Jesus-Christus diktiert dir: Ich segne dich. Mein Kind, siehe, ein neues Leben wurzelt sich gerade auf der Erde ein: Das Leben Gottes in den Seelen, die Er liebt. Von jeher habe Ich Mich zum Meister der kleinen Werkzeuge gemacht, die Mir dienen sollten, und das war schon «ein wenig» Reich Gottes auf Erden. Aber jetzt, in einer ganz nah bevorstehenden Zeit, werde Ich die riesige Herde Meiner Lämmer zu der Meinen machen; Ich werde sie ganz einnehmen, wie Ich es noch nie getan habe, und werde sie auf eine wunderbare Weide führen.

Sie werden stark sein, sie werden voller Freude sein, sie werden Söhne des Höchsten heißen und Ihn in jedem Augenblick verherrlichen.

Damit diese neue Welt schnell geboren wird, brauche Ich eine Armee von Kleinen, die Maria dabei ist zu versammeln. Ich brauche einen glühenden Durst nach Wahrheit, nach Liebe und nach Gerechtigkeit. Dann werden die Wiesen wieder grünen und der ganze Planet wird erblühen.

Jetzt, wo diese Zeit kommt, muß man Mir treu sein. Der Dämon wird mit allen Mitteln versuchen, Meine Unternehmungen zu zerstören, aber es wird ihm nicht gelingen: Meine Kleinen werden in vollem Vertrauen, vereint mit Mir siegen.

Jetzt wird der Donner grollen, weil Ich komme, um Leben und Gerechtigkeit zu schaffen. Diejenigen, die nach Gott hungern, werden erleben, daß ihre Hoffnungen sich verwirklichen, während diejenigen, die nach Schrecken und Grausamkeit dürsten, vor Mir zusammenbrechen werden.

Ich sage dies, damit ihr Bescheid wißt über das, was geschehen wird und euch endlich zu einem heiligen Leben in Gott bekehrt.

Ich segne dich, Kind.

Jesus-Christus

Montag, den 13. Oktober 1997

Jesus-Christus diktiert dir: Ich segne dich. Kind, nimm Meine Botschaft mit deinem Herzen auf und gib sie möglichst schnell weiter.

Meine Engel sind am Werk, um die Meinen, die Mir für die Ewigkeit gehören sollen, zu vereinen und zu heiligen. Satan dagegen ist dabei, die größtmögliche Zahl von Seelen zu Fall zu bringen, um sie mit seinem teuflischen Siegel zu bezeichnen.

Es handelt sich um einen wirklichen Kampf zwischen dem Licht und der Dunkelheit.

Dann wird Maria bald erscheinen und mit ihrem Blick das Böse wegfegen, das noch auf der Erde bleibt. Satan wird gezwungen sein, ihr zu gehorchen und wird verjagt werden. Dann werden die Kleinen auf der Erde bleiben, die immer das Gute, die Gerechtigkeit, die Gleichheit gewollt haben, und die Gott an die erste Stelle gesetzt haben.

In diesen Tagen, die da kommen, wird das Grauen so schlimm sein, daß die Männer und die Frauen sich an die Brust schlagen werden, wenn sie sehen, was sie getan haben. Dann wird Meine Gerechtigkeit sich von ihnen abwenden, weil es zu spät sein wird.

Gott ist gut, unendlich gerecht und barmherzig, aber was Er dann sehen wird, wird alle Grenzen der Gotteslästerung, der Sünde gegen den Heiligen Geist, sprengen. Dann werden diese Dämonen in Menschengestalt in Gesellschaft dessen, den sie frei als ihren Meister angenommen haben, in die Hölle gehen.

Die Welt wird den Frieden kennenlernen, eine Zeit des Friedens und der Liebe für lange.

So. Mögen die Großen und die Kleinen sich vor Anbruch dieser Zeit bekehren, die schon ganz nahe ist.

Ich segne dich.

Jesus-Christus

Montag, den 13. Oktober 1997

Jesus-Christus diktiert dir: Ich segne dich. Friede deiner Seele, Kind.

Kein Diener war je größer als sein Meister. Deshalb müssen diejenigen, die Mir dienen, damit rechnen, daß sie verfolgt werden, wie Ich verfolgt wurde.

Die Pharisäer von damals sind immer noch da; sie sind als falsche Priester verkleidet, die meisten sind Freimaurer und grausamer denn je. Sie halten sich in Meiner Kirche auf, sie sind bereit, diejenigen zu bekämpfen, die ihren Zustand der Sünde bekanntmachen wollen.

Seid also nicht erstaunt darüber, daß ihr sogar im Schoß Meiner Kirche verfolgt werdet: es sind die Anhänger Satans, die euch verfolgen. Sie lehnen es ab, euch aufzunehmen und euch Trost und Leben zu geben. Außer dem Bösen und menschlicher Ehre besitzen sie nichts aus sich selbst: sie werden euch mit falschen Worten überschütten und euch wegschicken.

Aber fürchtet nichts: ihr müßt die Wahrheit sagen, wie Ich es auch getan habe: der Heilige Geist wird euch erleuchten. Die Reaktionen dieser Bösen haben wenig zu bedeuten; laßt sie beiseite und schreitet voran.

Später werden sie dutzendweise zu euch kommen und euch anflehen, ihnen zu helfen, weil sie ihre Finsternis so deutlich vor Augen haben werden.

Wenn Ihr Meine Botschaft ausgerufen habt, sollt ihr weitergehen; die Reinen werden auf die Botschaft hören, die Unreinen werden Steine nach euch werfen, aber ihr werdet den Willen Gottes getan haben, und Ich werde euch segnen und euch umarmen.

Ich segne dich, Mein Kind.

Jesus-Christus

Montag, den 13. Oktober 1997

Jesus-Christus diktiert dir: Ich segne dich.

Meine Priester werden dann heilig sein, wenn sie die Güte haben werden, ihren Blick vor Mir zu senken. Im Moment schauen sie Mich ironisch an, sitzen hoch oben auf ihrem Sockel menschlicher Ehre und zerreißen Mich mit ihren falschen und betrügerischen Gesten und Worten. Sie behaupten, das Gute zu tun, doch sie tun nur das Schlechte; sie behaupten, Meinen Belangen zu dienen, doch sie dienen denjenigen Satans.

Also werde Ich sie von ihrem schändlichen Thron absetzen, und sie werden sich vor Meiner Herrlichkeit flach auf den Boden legen. Sie werden nichts mehr sein, weil Ich ihre Plätze heiligen Männern geben werde, aber das wird zu ihrem Heil sein.

Ich werde in jener Zeit so viel durch Gerechtigkeit und Güte wirken, daß die ganze Kirche grundlegend auf den Kopf gestellt und verändert wird, um dann in ihrem Leib von neuem die Meine zu werden.

Bevor dies eintritt, sollt ihr eure Pilgerstäbe nehmen und dem Volk verkünden, daß das Ende des Übels nahe ist, und daß es sich auf den Endkampf gegen Satan vorbereiten muß, der den Sieg Gottes bringen wird.

Verkündet also dem ganzen Volk, daß die Leiden schrecklich sind, aber daß unsere beiden vereinten Herzen, das eurer Heiligen Mutter und das Meine, ungeachtet des äußeren Scheins siegen werden. Das wird die Rückkehr der Herrlichkeit auf Erden sein, einer Herrlichkeit, die vom Himmel herabkommt, um mitten unter euch zu leben.

Ich segne dich, Mein kleines Kind.

Jesus-Christus

Montag, den 13. Oktober 1997

Jesus-Christus diktiert dir: Ich segne dich. Mein ganz kleines Kind, Ich muß dir nun folgendes diktieren, um Meine Priester zu retten, die dieser verderblichen Sekte der Freimaurerei angehören. Erlaube Mir also, Mich noch ein bißchen deiner Hand zu bedienen.

Wenn der Mensch seinen Nächsten richtet und ihn verurteilt, begeht er das Böse, weil einzig Gott das Recht hat zu verurteilen. Meine Priester verurteilen das, was vom Heiligen Geist kommt — Ich spreche hier von Meinen Gnaden, die Ich ein paar bevorzugten Seelen durch Maria und Mich selbst gebe. Sie haben in ihrem finsteren und bösen Geist beschlossen, alle Wohltaten Meines Geistes für diese Zeit zu verwerfen. Mein Geist kommt, um euch aufzuwecken, um euch aus der Erstarrung zu retten, um euch das Leben zu geben, aber Meine Priester, die in Wirklichkeit gar keine sind, verleumden alle Erscheinungen, jeglichen Besuch unserer beiden Herzen (Jesu und Mariens) in eurem Jahrhundert.

Das Urteil dieser Menschen ist hinterhältig. Weit davon entfernt, zu Mir zu beten, um die nötige Gabe der Unterscheidung zu bekommen, lehnen sie von vornherein alles ab, was durch die Vermittlung des Heiligen Geistes von Mir kommt. So bringen sie noch mehr Dunkelheit über die Lämmer, die auf sie hören und glauben, daß die Priester die Wahrheit besitzen.

Aber Ich sage es noch einmal: einzig der heilige Priester, der demütig und gut ist, besitzt die Wahrheit. Betet, um ihn zu erkennen, und Ich werde ihn euch zeigen. Aber diejenigen, die die Freude und den Frieden auslöschen, kommen nicht von mir. Hört also auf euer Herz und betet, Kinder, damit Ich euch heilige Priester gebe, die auf den Geist hören, anstatt Ihn zu verfluchen, und die es verstehen, unsere wahren Erscheinungen daran zu erkennen, daß sie der Seele, die sie empfängt, Leben und Frieden schenken.

Wendet euch an das Evangelium, Meine Lämmer, dann werdet ihr sehen, daß Ich Meine Priester immer darum gebeten habe, den lebenspendenden Geist nicht auszulöschen.

Die finsteren Kundgebungen Satans, die Mich nachäffen, könnt ihr an der Finsternis erkennen, die sie nach sich ziehen: einer Finsternis, die sich dem Frieden und der Freude widersetzen, die Maria und Ich euch geben.

Ihr Meine Kinder sollt also lernen, den Geist zu erkennen und euch nicht von Priestern mitreißen lassen, die nicht mehr in Übereinstimmung mit Mir und mit Meinem Papst Johannes-Paul II. leben.

Ich segne euch, die ihr Meine Botschaft vernehmt.

Jesus-Christus

Montag, den 13. Oktober 1997

Jesus-Christus diktiert dir: Ich segne dich.

Ich gebe dir hier die letzte Botschaft für diesen Band über die Freimaurerei.

Fahre also im Frieden fort, Mein Kind, und setze Mein Haus instand, indem du ihm Meine Schriften gibst.

Heilige Meinen Namen, indem du immer auf den Heiligen Geist hörst; bete immer, damit Ich dich in der Wahrheit bewahre. Dein tiefes Verlangen nach der Wahrheit genügt Mir, damit Ich sie dir gebe.

Du sollst denjenigen in Meiner Kirche keine Antwort geben, die dich verleugnen wollen, weil du ihre Machenschaften angeprangert hast: das werden andere für dich tun.

Verfolge deinen Auftrag, indem du die Priesterseelen aufsuchst, wie Ich es von dir will. Ich werde viele von ihnen auf den rechten Weg zurückbringen...

Und schließlich sollst du wissen, daß Maria da ist, um dich zu stützen; sie kennt ihre Kirche gut und wacht über sie.

Du sollst kein Mitleid haben mit denjenigen, die Meine Botschaft nicht anerkennen wollen; sie werden im Irrtum verharren, bis sie sich vor Mir erniedrigen. Fahre fort, gehe immer weiter: andere Schafe warten.

Deine Seele soll immer im Frieden sein, weil du Meine kleine Geliebte bist, die Ich beschütze.

Jesus und Maria segnen dich.

Jesus und Maria

Andere Bücher aus dem Parvis-Verlag

Umkehr der Herzen (Band 5)
Die Botschaften, die Jesus «Françoise» (eine französische Familienmutter) diktiert hat, sollen vor allem an Seine Liebe erinnern, denn Jesus enthüllt hier die unendliche Zärtlichkeit Seines Herzens. «Ich selbst, Jesus Christus, gebe der Welt diese Botschaften als Zeichen Meiner unendlichen Zärtlichkeit, einer Zärtlichkeit, die jeder Seele gilt, die sich danach sehnt, in Mir zu leben. Derjenigen Seele, die Meine Botschaften mit dem Herzen liest, werde Ich das Leben geben; in meiner Liebe zu ihr werde Ich ihr Meinen Willen kundtun.» (Jesus am 5.9.1996)
128 Seiten *€ 9.- SFR 13.-*

Umkehr der Herzen (Band 1, 2, 3) pro Band: *€ 15.- SFR 24.-*
Umkehr der Herzen (Band 4) 160 Seiten *€ 10.- SFR 15.-*

Gebete Jesu übermittelt von Françoise

Die Bücherreihe «Umkehr der Herzen» und «Jesus kommt wieder in Herrlichkeit» kennen einen sehr großen Erfolg. Das vorliegende Buch stellt uns eine Sammlung von Gebeten vor, die Jesus an Fançoise in diesen zwei Bücherreihen diktiert hat. Diese Gebete sind sehr einfach aber rühren uns innerst. Das ist nicht sehr erstaunlich, sie stammen ja direkt vom Herz Jesu.
Beeindruckend und von großen Nutzen für alle, die sich der Zärtlichkeit Gottes nähern wollen. 128 Seiten *€ 8.- SFR 12.50*

Jesus kommt wieder in Herrlichkeit
In diesen Botschaften will uns Jesus begreiflich machen, wie sehr Er danach verlangt, uns mit seiner Liebe zu erfüllen, und dass wir ihn mit Nachdruck bitten müssen, damit Er diesen brennenden «Durch nach Ihm» in uns weckt. von Françoise
Band I: 436 Seiten *€ 20.57 SFR 32.50*
Band II: 196 Seiten *€ 15.36 SFR 24.80*
Band III: 196 Seiten *€ 15.36 SFR 24.80*

Der Leib

Tempel der Schönheit

Jo Croissant ist die Ehefrau von Bruder Ephraïm, dem Gründer der katholischen «Gemeinschaft der Seligpreisungen».

Über den Leib zu schreiben ist heute modern. Als Frucht einer aus dem Gemeinschaftsleben erwachsenen Erfahrung richtet sich dieses Buch an alle, die tiefer in die Gotteserkenntnis und in die Selbsterkenntnis eindringen möchten.

Die Autorin lädt uns zu einem echten Weg der inneren Heilung ein: in den Tempel eintreten, in die Innerlichkeit eintreten, bedeutet in die Gegenwart des dreimal heiligen Gottes einzutreten. Unter dem Blick des Vaters und durch sein Wort werden wir unsere wirkliche Identität als Söhne und Töchter Gottes entdecken.

von Jo Croissant, 240 Seiten, 14x22 cm *€ 15.- SFR 24.-*

Der Rosenkranz

Ein Weg zum immerwährenden Gebet

Nur wenige von uns haben die feinere, zartere Erfahrung gemacht, daß das demütige Rosenkranzgebet uns in die himmlische Anbetung hineinführt. Sieht nicht der Mensch, der die Perlern seines Rosenkranzes immer wieder durch seine Finger gleiten ließ, in der Tiefe der Betrachtung die Gnade des immerwährenden Gebets hervorquellen und sein Leben erneuert werden?

Ein Buch für alle, die den Rosenkranz beten oder (besser) beten möchten! Im 2. Teil des Buches befinden sich Betrachtungen über die 15 Geheimnisse des Rosenkranzes.

von Pater Jean Lafrance, 128 Seiten, 13x20 cm *€ 9.- SFR 14.-*

Die Engel

Unsere himmlischen Helfer

Seit einigen Jahren sind die Engel durch einen aus Kalifornien kommenden Trend — New Age — verblüffenderweise wieder zurückgekommen. Die meisten Veröffentlichungen verbreiten große Irrtümer und sogar alte Häresien. Von da rührt auch die Notwendigkeit dieses Buches, der sich auf die Lehre der katholischen Kirche stützt. Anne Bernet arbeitet alles, was die Theologie über die Engel sagt, klar heraus. Im Anschluß daran befaßt sie sich mit drei Engeln: Michael, Gabriel, Raphael; schließlich stellt sie Überlegungen zu dem Schutzengel — und zu den abgefallenen, sich auflehnenden Engeln — den Dämonen — an.

von A. Bernet, 448 Seiten, 14x22 cm *€ 21- SFR 32.-*

Er aber wird gehaucht

Der Heilige Geist in der Gottheit, in der Kirche und den Seelen

Dieses Buch stellt uns in allgemeinverständlicher Sprache die Dritte Person der Heiligsten Dreifaltigkeit dar, sein Wirken in der Kirche und in unseren Seelen.

Es soll jetzt die Zeit des Heiligen Geistes kommen, um der Kirche einen neuen Frühling zu schenken. Dieses Buch hilft uns den Heiligen Geist zu entdecken und so weit wir bereit sind, zu lieben.

von M.-Therese Isenegger, 288 Seiten, 14x22 cm, mit kirchlicher Druckerlaubnis

€ 15.- SFR 24.-

Wir beten zum Heiligen Geist

Schöne Gebetssammlung zum Heiligen Geist mit Heilig-Geist-Lieder, Novenen, Rosenkränze, einen Heilig-Geist-Monat und verschiedene Gebete. Mit kirchlicher Druckerlaubnis.

304 S., Bibeldruckpapier, Plastikumschlag, von M.-Th. Isenegger

€ 14.- SFR 22.-

Emiliano Tardif

Steh auf und geh!

Seit Jahren durcheilt dieser kanadische Priester die Welt und ruft jedesmal das gleiche Interesse hervor. Maria-Sylvia Buisson hat Emiliano Tardif während seines letzten Aufenthaltes im Libanon begleitet; das ganze Volk strömte zu ihm hin. Sie ist Männern, Frauen und Kindern begegnet, die geheilt wurden, als Pater Tardif bei ihnen war. Sie ist ihren Leidenswegen nachgegangen, sie hat Worte voller Glück gehört, und sie hat mit den behandelnden Ärzten gesprochen. Dieses Buch ist also ein Bericht, der auf Beweisen beruht, eine peinlich genaue Wiedergabe der Geschehnisse, und so haben wir nun hier eine Botschaft der Hoffnung für all die vielen, die in ihrem Fleische leiden. Wirklich spannend zu lesen!

256 Seiten, 14,5x22 cm *€ 15.- SFR 24.-*

Im Feuer der Liebe

Pater Emiliano Tardif ohne Koffer rund um die Welt

Das Buch berichtet, wie überall, wo er predigt, die Volksmenge zusammenströmt, um zu beten und den Herrn zu loben. Und Jesus handelt, und manchmal heilt er auch. Ein spannendes Buch!

von Emiliano Tardif und Jose Prado Flores

208 Seiten, 14,5x22 cm *€ 14.- SFR 22.-*

Pater Pio aus Pietrelcina

Erinnerungen an einen bevorzugten Zeugen Christi

In dieser ausgezeichneten Biographie beschreibt uns Bruder Arni Decorte besonders Pater Pios geistliche Ausstrahlung. Dieses Buch handelt von wenig bekannten Dingen. Der Leser entdeckt so die Persönlichkeit Paters Pio aus Pietrelcina, und auch die zahllosen Bekehrungen und Heilungen, die auf seine Fürbitte zurückgehen.

von A. Decorte, 320 Seiten, 13x20 cm

€ 15.- SFR 25.-

Pater Pio **Freund Gottes — Wohltäter der Menschen**

Ein spannendes Buch: Bekehrungen, Heilungen, Wunder, Seelenschau, Bilokation… sind in kurzen Erzählungen vorgestellt.

von P. Cataneo, 176 Seiten, 4. Auflage, 16. Tausend

€ 9.50 SFR 15.-

In der Schule des Heiligen Geistes

Für uns muß der Beistand des Heiligen Geistes ein wesentliches Element unseres christlichen Lebens werden. Wie aber sollen wir es machen, um es dem Heiligen Geist zu ermöglichen, uns zu leiten und uns beizustehen? In allgemeinverständlicher Sprache zeigt uns dieses Buch die praktischen Gegebenheiten auf, welche diese Fügsamkeit gegenüber dem Wirken des Heiligen Geistes ermöglichen.

von Pater J. Philippe, 128 Seiten *€ 7.- SFR 11.-*

Suche den Frieden und jage ihm nach

Was sollen wir tun, wenn wir Zeiten der Verwirrung zu durchschreiten haben und dennoch im Vertrauen an Gott zu verbleiben verlangen? Darüber belehrt uns diese kleine Abhandlung über den Frieden des Herzens. An Hand konkreter Situationen unseres Lebens lädt uns der Autor ein, dem Evangelium entsprechend zu handeln. von Pater J. Philippe, 128 Seiten

€ 7.- SFR 11.-

Zeit für Gott

Führer für das innere Gebet

Für wen ist das innere Gebet? Und wo, wann und wie kann man es praktizieren? Eben diese Fragen finden ihre Antwort in diesem vortrefflichen kleinen Buch, reich an Beispielen und konkretem Rat. von Pater J. Philippe, 128 Seiten *€ 7.50 SFR 12.-*

Bleibt in Mir

Ein Weg zum inneren Gebet

Dieses Buch öffnet uns den schmalen Weg zum inneren Gebet. Wir lernen in vielen Zitaten die Erfahrungen von Gottesfreunde kennen, die aus dem inneren Gebet Inspiration und Kraft geschöpft haben.
Sr. Marie-Pascale teilt uns eigene Erfahrungen mit. Seine Lehre ist dicht, aber einfach, leicht faßlich für alle und von allen nachvollziehbar. 192 Seiten, 13x20 cm *€ 10.- SFR 16.-*

Jesus und dein Leib

Die Sexualmoral, für Jugendliche erklärt

Das Buch richtet sich an alle Christen, die sich mit den Fragen der Sexualmoral beschäftigen, vor allem aber an die Jugendlichen. Der Verfasser hat versucht, auf all die ganz konkreten Fragen einzugehen, und schließlich befaßt er sich mit der täglichen Übung der christlichen Keuschheit.
von Mgr. Léonard, Bischof von Namür
98 Seiten, 14,5x21 cm, 3. Auflage *€ 7.- SFR 11.-*

Es wagen, die Liebe zu leben

In klaren und allgemeinverständlichen Worten spricht die Autorin zu uns von der Schönheit, Größe und Einzigartigkeit der christlichen Ehe. Ein wunderschönes Geschenk für jedes Ehepaar!
von G. Blaquière, 208 Seiten *€ 10.- SFR 16.-*

Die priesterliche Frau

oder das Priestertum des Herzens

Hier richtet eine Frau, Jo Croissant, schlicht, warm und demütig das Wort an die Frauen. Dadurch wurden viele Frauen aufgeklärt; sie leben nun auf ganz neue, erfüllte Weise gemäß der Besonderheit und Schönheit ihres eigenen Wesens. Ein Buch für jede Frau in jedem Stand! 208 Seiten, 13x20 cm, 3. Auflage, 12. Tausend
€ 13.- SFR 20.-

Der Gottmensch

Leben und Leiden unseres Herrn Jesus Christus

Dieses 12-bändige Werk (auch einzeln erhältlich) ist weltweit der Bestseller unter Informierten Gläubigen. Aber auch Suchende ändern ihr Leben nach der Lektüre dieses Buches, von dem schon Pater Pio voraussagte, daß es wirkungsvoll über den Erdkreis verbreitet werde.
Die seinem «Instrument» Maria Valtorta von Jesus diktierten 3 Jahre seines öffentlichen Wirkens ergänzen die analogen Bibelpassagen; die Zeit um 30 n. Chr. wird lebendig... Preis pro Band: *€ 20.- SFR 30.-*

Maria Valtorta — Autobiographie

Das schon lang erwartete Buch über das Leben dieser großen Mystikerin (1897-1961) endlich auf deutsch übersetzt.

Sicher ein «Muß» für all die, die das Werk «Der Gottmensch» (Band 1 bis 12) teilweise oder ganz gelesen und gepriesen haben. In dieser Selbstbiographie bringt uns Maria Valtorta ihr Leben, ihre Leiden und ihre mystischen Erfahrungen dar.
448 Seiten, 16 S. s/w-Illustrationen, 14,5x22 cm
€ 24.- SFR 38.-

Medjugorje: die 90er Jahre

Der Triumph des Herzens!

Sr. Emmanuel führt uns hier in das Leben der Dorfbewohner, der Seher und der Pilger ein, die an diesem Ort zu Tausenden tiefgreifende Bekehrungen ihrer Herzen und manchmal sogar körperliche Heilungen erleben. Die hier gesammelten 87 Berichte enthüllen uns ein neues Gesicht Mariens und verraten etwas von ihrer unbeschreiblichen Mutterliebe.
von Schwester Emmanuel, 460 Seiten *€ 20.- SFR 30.-*

Worte des Friedens

Die Botschaften Mariens in Medjugorje

Das vorliegende Buch bietet die gesamten, von C. Auboyneau hervorragend eingeleiteten Worte der Gottesmutter in Medjugorje seit Beginn der Erscheinungen im Jahre 1981 bis 1996.
288 Seiten, 14x22 cm, 2. erweiterte Auflage
€ 14.- SFR 22.-

Das Sakrament der Versöhnung

Das Wunder der Liebe

«Wir bitten an Christi Statt: Laßt euch mit Gott versöhnen!» (2 Kor 5,20), so ermahnte der heilige Paulus die Kirche von Korinth. Warum und wie soll nun diese persönliche Versöhnung gelebt werden? Die Verzeihung ist ja eines der größten Geschenke, welche Gott dem sündigen Menschen angeboten hat.

Dieses uns angebotene Sakrament ist für uns nicht nur eine Methode, unser Gewissen zu erleichtern, sondern die Gelegenheit zu einer innigen Gemeinschaft mit Gott. Möchten wir doch bei der Lektüre dieses Buches wieder das Verlangen verspüren, zur Beichte zu gehen. Um diese Begegnung mit der göttlichen Liebe nicht zu verfehlen, gibt uns Pater Marin sehr praktische Ratschläge, mit deren Hilfe wir «die Verzeihung und den Frieden» zu finden vermögen und dabei die Freude des verlorenen Sohnes zu empfinden, bei dessen Heimkehr der Himmel voll Freude war. von Pater Jacques Marin, 224 Seiten, 13x20 cm

€ 13.50 SFR 21.–

Kinder, helft meinem Herzen zu gewinnen!

Prachtvoller Bildband für Kinder mit Malheft

– Mama, was ist das für ein Buch?

– Das ist viel mehr als ein Buch, mein Schatz! Denn du findest darin nicht nur die wunderbare Geschichte der drei Kinder von Fatima, denen die Mutter Gottes erschienen ist, sondern du kannst – wenn du willst – sogar ein Teil dieser Geschichte werden, indem du selbst etwas tust…

Prachtvoller Bildband für Kinder von 6 bis 11 Jahren mit einem Malheft. Die Kinder können an dieser Geschichte teilnehmen indem sie durch ihre Zeichnungen der Mutter Gottes eine Novene schenken. Mutter Teresa, begeistert von diesem Buch, hat einen kleinen Text für alle Kinder, die an dieser Novene teilnehmen, geschrieben. Vorwort von Msgr. Hnilica, kirchlicher Druckerlaubnis von Kardinal Echevarria.

von Sr. Emmanuel, 56 S., 21x27 cm, Malheft inbegriffen *€ 16.50 SFR 25.–*